AF453332

LA
CZARINE

DRAME

Représenté pour la première fois, à Paris,
sur le Théâtre-Français, par les comédiens ordinaires de l'Empereur,
le 15 janvier 1855.

LA
CZARINE

DRAME

EN CINQ ACTES ET EN PROSE

PAR

EUGÈNE SCRIBE

DE L'ACADÉMIE FRANÇAISE

PARIS

MICHEL LÉVY FRÈRES, ÉDITEURS

RUE VIVIENNE, 2 BIS

—

1855

J'ai consulté à l'occasion de cet ouvrage, l'*Histoire de la Russie*, par Lévesque, celle de Karamsin, plusieurs mémoires, entre autres ceux de l'amiral Villebois; mais surtout l'histoire si consciencieuse et si éloquente de *la Russie* et de *Pierre le Grand*, par M. le comte Philippe de Ségur.

Celui-ci, j'ai fait mieux que le consulter; je lui ai emprunté textuellement des détails qui semblaient m'appartenir, car c'était du drame aussi bien que de l'histoire! Mais quand on a emprunté, il faut rendre, même aux riches! C'est ce que je fais ici, en remerciant hautement mon illustre confrère à l'Académie Française, de ce qu'il a bien voulu me prêter.

Eugène SCRIBE.

PERSONNAGES

LE CZAR PIERRE Ier,   M. BEAUVALLET.
LA CZARINE.   Mlle RACHEL.
MENZIKOFF, premier ministre.   M. GEFFROY.
OLGA, sa fille.   Mlle FIX.
LE COMTE SAPIEHA, polonais.   M. BRESSANT.
VILLERBECK, hollandais, amiral au service de
    Russie,   M. MONROSE.
 AKINSKI, capitaine des gardes chargé de la
    police du palais et de la ville.   M. MAUBANT.

La scène se passe en janvier 1725.

Le premier et le second acte dans le palais de Péteroff, aux environs
de Saint-Pétersbourg.

LA CZARINE

ACTE PREMIER

Salon très-riche dans le style Louis XIV. — Porte au fond, deux portes latérales. — A gauche du spectateur un canapé. — A droite un fauteuil près d'une table.

SCÈNE PREMIÈRE.

VILLERBECK, Le comte SAPIEHA [1], entrant ensemble.

SAPIEHA.

L'amiral Villerbeck à la cour !

VILLERBECK.

Le comte Sapieha, mon jeune ami !

SAPIEHA.

Quelle surprise !

VILLERBECK.

Pas pour moi, qui vous savais à Saint-Pétersbourg.

SAPIEHA.

Et moi, je vous croyais sur la Baltique.

VILLERBECK.

J'arrive du lac Ladoga, dont le czar poursuit les travaux avec ardeur.

SAPIEHA.

En janvier ! et par un hiver comme celui de 1725 !

VILLERBECK.

Chargé d'une mission pour les bords de la mer Caspienne... et de dépêches pour Saint-Pétersbourg, j'ai couru en kibitch jour et nuit !

1. L'acteur inscrit le premier est placé le premier à la gauche du spectateur.

SAPIEHA.

Il y a de quoi mourir de froid.

VILLERBECK.

Peu importe au czar... pourvu qu'on arrive! Et me voilà!

SAPIEHA.

Obéissance passive! déjà Moscovite à ce point... vous, un citoyen de la Hollande! un ami de la liberté!

VILLERBECK.

C'est pour cela même!... Menacé d'être jeté en prison, traqué, poursuivi pour dettes, duels et mauvaises affaires, je ne savais où donner de la tête, quand j'ai entendu dire qu'il y avait un pays en Europe où il suffisait d'être aventurier, étranger et sans ressources pour parvenir!..... J'ai dit : Ma fortune est faite! Sans calculer les difficultés ni la distance, je suis parti pour la Russie, et par la mordieu, ma faible bourse épuisée, je mourais en route de faim et de misère, si je n'avais rencontré à Varsovie un jeune et beau seigneur, brillant, recherché, l'idole de toutes les dames polonaises, qui daigna me venir en aide.

SAPIEHA.

Ne parlons pas de cela, mon cher, je tiens à la Hollande par alliance. Mon père, le comte Sapieha avait épousé une nièce du stathouder, vous voyez que nous sommes presque compatriotes.

VILLERBECK.

Vous m'avez traité comme tel! vous m'avez prêté de quoi faire figure! Et arrivé ici, a beau mentir qui vient de loin, on m'a pris pour un homme de talent, on m'a offert, à moi, contre-maître, le grade de capitaine de vaisseau dans une flotte qui, comme mon mérite, n'existait pas encore. J'ai accepté de confiance, et... Et vous, monsieur le comte, comment vous trouvez-vous à Pétersbourg?...

SAPIEHA.

Malgré moi! car j'aime, vous le savez, mes aises, mes plaisirs, les jouissances du luxe et l'élégance des cours policées! Élevé par le roi Stanislas Lekzinski, j'étais près de lui aux jours de sa fortune, je l'accompagnais encore dans sa fuite quand, détrôné, il trouvait un asile en France, à la cour du régent! Depuis, mon père, dont il ne m'appartient pas de discuter la conduite politique, mon père,

resté en Pologne et grand maréchal de la diète, votait en faveur
du roi Auguste, que soutenaient les armes du czar; il avait même
accepté un commandement important dans les armées russes, et,
blessé dangereusement dans la campagne de Suède, il m'écrivit
de venir recevoir des adieux qu'il croyait les derniers! Grâce au
ciel, il n'en est rien! Après une longue convalescence, il est hors
de danger, et je vais bientôt, je l'espère, quitter la Russie!

VILLERBECK, souriant.

Je ne le crois pas!

SAPIEHA.

Et pourquoi, s'il vous plaît?

VILLERBECK.

Il y a deux jours, et pendant son dîner, le czar recevait un rapport de Jakinski, son nouveau favori, que l'on nomme *l'œil du
czar!* capitaine des gardes, chargé de la police du palais et de la
ville!... l'homme le moins bavard de la cour, car il ne dit jamais
que deux mots : Oui, Sire!...

SAPIEHA, souriant.

Mais il paraît qu'il regarde... et fait des rapports!

VILLERBECK.

Et dans celui que le czar parcourait à demi-voix, il était question d'un jeune Polonais, le comte de Sapieha, fils du général de
ce nom! « Sapieha!... dit le czar, je l'ai vu à mon voyage en
« France! c'était un des jeunes seigneurs à la mode, un des illustres
« de la régence! Et dans ma cour à demi barbare, où le bon ton,
« l'urbanité et les belles manières sont inconnues, sa présence
« fera bien! Je veux qu'il reste!

SAPIEHA, avec ironie.

Je veux!...

VILLERBECK.

« J'ai emprunté, continua-t-il, à Fontainebleau et à Marly leurs
« palais, leurs jardins, leurs eaux jaillissantes; c'était aisé! Mais
« acclimater sur les bords de la Néwa et dans les marécages de
« Pétersbourg les mœurs et les habitudes élégantes de Versailles...
« c'est plus difficile! Ce sera!... et si j'offrais au fils du général
« Sapieha une place à ma cour... »

SAPIEHA. [1]

Je refuserais !

VILLERBECK, *étonné*

Refuser le czar !

SAPIEHA.

Que voulez-vous? le souverain qu'on nomme Pierre le Grand n'a jamais eu mes sympathies. Au contraire... pour des raisons à moi connues... je le déteste !

VILLERBECK.

Eh bien! moi je l'aime ! Avec lui, il faut que chacun obéisse, et sans réplique; que tout cède à sa volonté! car la loi... c'est lui ! et un empire que l'on gouverne comme un vaisseau, cela me va, cela me convient. Je l'aime se promenant à pied sur nos ports, dans nos arsenaux, avec sa redoutable *dubina*, son gros jonc à pomme d'ivoire, que tout le monde connaît dans l'empire, depuis les derniers fonctionnaires publics jusqu'aux sénateurs, jusqu'à son favori même, le prince Menzikoff! Je crois me voir à bord, la garcette à la main, distribuant mes ordres à tout mon équipage, depuis le mousse jusqu'au lieutenant! C'est ainsi qu'on administre !

SAPIEHA.

En Russie !

VILLERBECK.

Voilà comme on crée, à vue d'œil, des flottes, des ports, des fortifications; comme l'on change en une ville superbe des marais infects.

SAPIEHA.

En y engloutissant par année cent mille malheureux.

VILLERBECK, *froidement.*

Peut-être plus!... c'est possible! Mais le grand homme s'est élevé à l'extrémité de son empire une capitale qui excite l'admiration de l'Europe! Du reste, nous avons décidé, par un ukase, que le Moscovite ne possédant rien, tout appartenait au czar! Il s'ensuit que tous ses sujets sont, de droit, ouvriers admis à travailler pour lui toute leur vie; voilà pour les fabriques!... qu'il

---

1. Passant à gauche du spectateur. Sapieha, Villerbeck.

est le seul négociant de la Russie; voilà pour le commerce! Bien
plus, il s'est déclaré le seul cabaretier d'un empire où tout le
monde est ivrogne... ce qui lui constitue un revenu inextinguible,
comme la soif de ses sujets... revenu auquel nous contribuons
souvent ensemble!... car Sa Majesté ne dédaigne pas de boire
avec moi!

SAPIEHA.

En effet, amiral, je crois me rappeler que vous buvez bien!

VILLERBECK.

Le czar, mieux encore, trente, quarante verres de suite, sans
qu'il y paraisse!

SAPIEHA.

C'est une grande capacité!

VILLERBECK.

Un grand homme! qui même en s'enivrant ne songe qu'à ré-
former son peuple! Un génie civilisateur!

SAPIEHA.

Qui aura immolé la moitié de ses sujets, pour apprendre à vivre
à l'autre moitié.

VILLERBECK.

Que voulez-vous? il faut qu'il arrive!... et il est pressé! Il a son
but!

SAPIEHA.

Qu'il est facile d'atteindre! quand on brise tout sur son pas-
sage, quand aucun frein ne nous arrête!... On trame contre lui
d'obscurs complots! (Avec ironie.) Et au lieu, comme nos souverains
d'Europe, de perdre son temps à la recherche des vrais coupa-
bles, au lieu de s'astreindre à ces obstacles gênants qu'on nomme
justice ou tribunaux, il fait massacrer en masse quinze ou vingt
mille vieux soldats, compagnons d'armes de son père!... Il est
vrai, comme vous le dites, qu'il est pressé, et cela épargne du
temps et des frais; il pousse même l'économie jusqu'à servir
lui-même de bourreau! C'est à table, au dessert, qu'on lui
amène ses victimes, et, joyeux convive, la hache et le verre à
la main, il fait tomber une tête à chaque gobelet qu'il vide!... Je
passe sous silence sa sœur, renversée du trône! et sa première
femme, condamnée au knout et à la réclusion! et son propre fils

immolé de sa main... Tenez, Villerbeck, ne parlons plus de ce tyran sanguinaire et grossier qui excite votre admiration, qui ne m'inspire à moi que dégoût, et dont la renommée me prouve seulement que dans le Nord on est grand homme et grand monarque à bon marché ! (Sapieha va s'asseoir sur le canapé à gauche.)

VILLERBECK.

Eh ! par la mordieu ! on n'est pas parfait ! mais aux détails près, l'ensemble est magnifique ! (Allant s'asseoir près de Sapieha sur le canapé à gauche.) Vous avez dû trouver dans Pétersbourg, des objets dignes de votre admiration, je ne vous parle pas de nos beautés moscovites... (D'un air fin.) auprès desquelles, vous avez eu comme toujours des succès brillants !

SAPIEHA, toujours assis.

Moi !...

VILLERBECK, assis près de lui.

Le rapport en parlait.

SAPIEHA.

Preuve qu'il ne faut pas se fier aux rapports !

VILLERBECK.

Celui-ci contenait même quelques anecdotes qui ont fait rire le czar !... car il rit quelquefois !... et alors, moi aussi ! il était question entre autres aventures d'une princesse Lapoukin qui vous adorait, d'une petite comtesse Bestustchefft qui faisait des folies pour vous... car il paraît, mon cher comte, que malgré le climat, les ardeurs sont les mêmes, et qu'ici comme à Versailles, comme à Varsovie, vous aimez toujours les femmes !

SAPIEHA, souriant.

Toujours ! Et vous, amiral ?...

VILLERBECK.

Moi, franchement j'aime mieux le vidercòme et le flacon de rhum... c'est d'un abord facile... tandis que les femmes auxquelles il faut plaire, c'est ennuyeux ! .. c'est long !

SAPIEHA, riant.

Et vous êtes pressé !... comme le czar... votre maître...

VILLERBECK.

Mais vous qui avez le temps et surtout l'habitude des conquêtes, qui avez-vous préféré ?

SAPIEHA.

Personne!

VILLERBECK, d'un air d'incrédulité.

Allons donc!... aucune femme de la cour ne vous a paru digne
de vos hommages?

SAPIEHA.

Si vraiment!... une seule!... que sa beauté, son mérite et son
rang désignent à tous les regards!

VILLERBECK, effrayé.

O ciel! la czarine!

SAPIEHA.

Précisément.

VILLERBECK.

Vous l'aimez?...

SAPIEHA.

Je ne dis pas cela!... mais je la trouve charmante!... tout en
elle vous éblouit... vous attire... et puis... c'est la czarine!

VILLERBECK.

Taisez-vous!. . éloignez de pareilles idées... elles sont fatales,
elles sont mortelles! et l'année dernière, pour avoir osé élever ses
regards jusqu'à sa souveraine, Moëns de Lacroix a porté sa tête
sur un échafaud.

SAPIEHA, souriant.

Oui, c'est par la hache que Pierre punit les amours! (se levant
du canapé et passant à droite du théâtre.) Et les amours ne puniraient pas ce
tyran!

VILLERBECK, se levant aussi [1].

Silence donc?... il y a ici tant d'autres grandes dames que l'on
peut aimer sans péril!

SAPIEHA.

C'est peut-être pour cela qu'elles me sont indifférentes... (Avec
chaleur.) tandis que celle-ci!... voyez-vous, Villerbeck... c'est...
c'est... la czarine!... et par orgueil, par amour-propre... par un
sentiment que je ne puis définir... soit admiration pour elle... ou
bien haine pour le czar!... j'ai rêvé plus d'une fois que...

1. Villerbeck, Sapieha.

VILLERBECK.

Si l'on vous entendait?...

SAPIEHA, gaîment.

Un rêve!... punit-on ici les rêves? n'est-il pas permis d'avoir une idée!... une idée fixe?...

VILLERBECK.

Si!... mais de la dire!

SAPIEHA.

A vous, Villerbeck? est-ce que vous me trahirez?

VILLERBECK.

Jamais! je vous le jure!... je suis à jeun, d'ailleurs! mais si on ne l'était pas!... qui sait? Aussi par l'amitié, par la reconnaissance que je vous dois... agissez, comme vous l'entendrez! mais ne me dites jamais rien!... je vous le demande en grâce!...

SAPIEHA.

Rassurez-vous?... je n'aurai jamais rien à vous confier... par malheur!

VILLERBECK.

Par bonheur!... (A demi-voix.) Silence! voici Sa Majesté, avec le prince chancelier.

SCÈNE II.

VILLERBECK, à gauche, LA CZARINE, précédée de ses femmes qui restent au fond à gauche, MENZIKOFF, SAPIEHA, à droite.

LA CZARINE, en entrant aperçoit Sapieha qui la salue. Elle se tourne vivement vers Menzikoff.

Vous m'assurez, prince, que des dépêches sont arrivées ce matin, apportées par l'amiral Villerbeck.

VILLERBECK, s'avançant et saluant.

Qui attendait pour se présenter, le lever de Votre Majesté.

LA CZARINE.

Bonjour amiral! le czar va bien?

VILLERBECK.

Toujours sur pied, du matin au soir! une volonté de bronze, dans un corps de fer!

LA CZARINE.

Et le canal Ladoga auquel Pierre attache tant d'importance!

MENZIKOF?.

Avec raison, canal nourricier de Saint-Pétersbourg qui doit rejoindre les eaux du nord de l'Asie à celles de l'Europe!

LA CZARINE.

Comment vont les travaux?...

VILLERBECK.

Fort bien, Majesté, pour moi qui ne m'y connais pas! mais le czar trouvant qu'ils n'allaient pas assez vite, est entré en fureur contre l'ingénieur Pisareff!... il l'a frappé de sa canne en s'écriant: Tu n'es qu'un drôle, et il a chargé le lieutenant général Munnich de refaire et de terminer cet ouvrage; puis, comme on prétendait que quatre mille travailleurs étaient morts de froid la semaine dernière, il a écrit à ce sujet à Votre Majesté.

LA CZARINE, qui a ouvert et parcouru la lettre.

Oui... il accorde à Munnich vingt-cinq mille ouvriers à dépenser... et ordonne de les lui envoyer... (Remettant la lettre à Menzikoff.) Cela vous regarde, prince.

MENZIKOFF, s'inclinant.

Les intentions du czar seront exécutées.

LA CZARINE, lui montrant la lettre de la main.

D'autres ordres encore dont vous prendrez connaissance... (Regardant Sapieha.) Ah! vous ici, monsieur le comte? je ne vous avais pas vu, approchez: le czar me parle de vous! En considération des services du général Sapieha, votre père, Sa Majesté vous offre à sa cour le titre de chambellan.

SAPIEHA.

C'est une faveur au-dessus de mes desirs et de mon mérite! Les titres et les honneurs ne sont point l'objet de mes vœux, et je prie Votre Majesté de vouloir bien faire agréer au czar mes remerciements et mes regrets, je quitte demain Saint-Pétersbourg!

LA CZARINE, avec émotion.

Ah!...

SAPIEHA.

Je pars pour la France.

LA CZARINE, de même.

Où des souvenirs... où des affections vous rappellent... Nous n'avons pas le droit de vous retenir... Adieu, monsieur le comte... A tantôt, Mesdames...

> (Villerbeck qui est à gauche du théâtre et Sapiéha à droite saluent et sortent par le fond. — Toute la cour s'éloigne. La Czarine se laisse tomber sur un fauteuil à droite et garde le silence. Menzikoff est debout près d'elle.)

SCÈNE III.

LA CZARINE, MENZIKOFF.

MENZIKOFF, qui a parcouru les papiers que lui a remis la czarine, s'approchant d'elle.

Quoi! le czar entend que vous alliez le rejoindre et que vous dirigiez avec lui, au cœur de l'hiver, ces horribles travaux?

LA CZARINE.

Ce n'est pas la première fois que j'aurai bravé à ses côtés la rigueur des saisons et les périls de la guerre!

MENZIKOFF.

Mais alors vous ne sortiez pas d'une longue maladie, vous n'étiez pas encore faible et souffrante! et s'il vous appelle à Ladoga en ce moment... c'est qu'il veut vous tuer!

LA CZARINE, souriant.

Je le crois!

MENZIKOFF.

Et vous obéirez?

LA CZARINE.

Autant périr de froid là-bas que d'ennui ici! Pierre m'a raconté que dans un de ses voyages il avait vu la veuve Scarron, la femme de Louis XIV, qui, regrettant son second mariage, se mourait lentement de gloire et de grandeurs... Je ne pensais pas que ce fût possible... je le crois maintenant.

MENZIKOFF.

Votre Majesté s'ennuie...

LA CZARINE.

Horriblement !

MENZIKOFF.

Moi de même !

LA CZARINE.

Vous !...

MENZIKOFF.

Oui !

LA CZARINE, froidement.

Cela doit être ! Arrivé au sommet de la fortune et des honneurs, votre ambition ne sait plus où se prendre ! elle n'a plus rien à désirer... rien !... que le trône !

MENZIKOFF, froidement.

C'est ce que je me disais ce matin.

LA CZARINE.

Eh bien !... y fussiez-vous placé?... vous voyez par moi !... (Avec un soupir.) Ah ! si l'on pouvait redescendre !

MENZIKOFF.

Oui !... pour remonter...

LA CZARINE.

Vous dites vrai : pendant le trajet on désire... on craint... on espère !! mais lorsqu'on a touché le but...

MENZIKOFF.

On s'aperçoit qu'il ne vaut pas les efforts faits pour y parvenir !

LA CZARINE, vivement.

N'est-ce pas?

MENZIKOFF.

Tout vous devient indifférent ou importun !

LA CZARINE, de même.

N'est-ce pas?

MENZIKOFF.

Surtout dans ce pays de frimas où le froid gagne le cœur... et où l'on donnerait tout...

LA CZARINE.

Pour un rayon de soleil... ou un souvenir du jeune âge! Te

souviens-tu, de ce temps heureux où tout me souriait, même
la misère !... je vois encore l'orpheline, la pauvre servante,
recueillie chez le bon pasteur luthérien... puis tout à coup ce foyer
paisible troublé par la guerre... le sac et le pillage menaçant Ma-
rienbourg... (Regardant Menzikoff.) Le général russe vainqueur, dés-
armé par moi, jeune fille, devenue son esclave.

MENZIKOFF, vivement.

Si je me le rappelle ?

LA CZARINE.

Oui ! tu m'aimais alors, tu le disais du moins, et pourtant, moins
amoureux que courtisan, tu m' cédais malgré moi, malgré toi-
même, à ce maître altier devant qui tu tremblais déjà ! (Avec mépris.)
Non jamais, jamais, je ne t'ai pardonné l'honneur ou l'affront
qui me rendit la compagne d'un souverain. Mais si ma fortune fut grande, je puis dire ici que je ne me laissai point
dominer par elle, que je m'élevai à sa hauteur... et cette position
que je n'avais pas désirée, je sus la conquérir et la mériter ! Tant
de services rendus ! tant de soins de tous les instants qui lui étaient
nécessaires, indispensables peut-être !... il les a payés par une
couronne ! je le sais !... je ne suis pas ingrate, je ne le serai jamais,
et si parfois il oublie les services, moi je n'oublie pas la récompense !... mais tant d'amour et de dévouement ne peuvent se
payer que par le dévouement et l'amour, et depuis longtemps je
l'ai vu, il ne m'aime plus ! le souvenir de ce qu'il me doit lui
pèse ! la reconnaissance le gêne ! mon aspect l'humilie...

MENZIKOFF.

Comme un bienfait reproché !

LA CZARINE.

S'il revient à moi, c'est dans le danger ou la souffrance, mais
il s'en éloigne avec empressement dans le bonheur ou le plaisir...
alors le voile est tombé !... le prestige s'est dissipé... je n'ai plus
vu en lui le grand homme, le héros, le génie puissant qui brille
au dehors... mais chez lui, dans son intérieur... le tyran égoïste,
sacrifiant à ses idées d'ambition tous les sentiments du cœur, tous
les liens de l'amitié et de la famille, je n'ai plus vu que ses mœurs
brutales, ses honteuses orgies, vices grossiers que la gloire cache
à tous les yeux, excepté aux miens... l'amour avait disparu, le
dégoût m'a saisie,...j'aurais voulu fuir... mais comme le soldat russe

qui tombe immobile à son poste, je reste au mien n'ayant plus
que ma vie à donner, et je l'abandonne au czar en échange de ce
trône... que je lui dois... pour qu'en mourant du moins je sois
quitte et n'emporte rien à lui...

MENZIKOFF.

Mourir!... allons donc... il y a mieux que cela pour une femme
telle que Catherine...

LA CZARINE, froidement.

Oui!... se taire et pardonner!...

MENZIKOFF, de même.

Moi! je ne pardonne jamais!

LA CZARINE.

Et que fais-tu donc?

MENZIKOFF.

J'attends!... Sorti des derniers rangs du peuple, soldat, ser-
gent... général, c'est moi qui à Kaliths triomphais, pour la première fois, en bataille rangée, des Suédois invincibles jusqu'a-
lors... c'est moi qui à Pultawa commandais l'aile gauche quand
la fortune de Charles XII vint se briser contre nos bataillons et
les glaces de nos déserts; c'est moi qui fis prisonnier Lewenhaupt
et tout son corps d'armée.

LA CZARINE.

Oui... vous avez comme moi aidé le czar dans toutes ses entre-
prises, dans toutes ses grandes actions.

MENZIKOFF.

Si ce n'était que cela!... (A voix basse.) Je lui suis venu en aide
dans tous ses crimes... Mes mains se sont rougies comme les
siennes du sang des Strelitz; dans le procès d'Alexis, c'est moi
qui intimidais ses juges, promettant que le czar pardonnerait au
coupable si on le condamnait... et ils l'ont condamné... et devant
moi... Pierre...

LA CZARINE, se levant et détournant la tête [1].

Ah!...

MENZIKOFF.

Aussi, et pour me payer, il m'a accablé d'honneurs et de

---

1. La Czarine passe devant Menzikoff. — La Czarine, Menzikoff.

richesses! Mais les trésors jetés par lui dans la balance n'éga-
laient pas le poids de haine amoncelé sur son favori! J'entendais
les cris de vengeance qui s'élevaient de tous les points de l'empire... je voyais l'orage s'amasser sur ma tête... peu m'impor-
tait!... la foudre ne frappe que les cimes élevées, et je consentais
à être foudroyé pourvu que ce fût au sommet. Je voulais bien
tomber, mais non pas descendre! je consentais à être redouté,
exécré... mais non pas méprisé! et lui-même m'a flétri aux yeux
de tous! moi, son compagnon d'armes, son ami, son complice!...
moi, le plus grand de l'empire après lui, il m'a frappé du bâton
comme un esclave, devant ces vils courtisans, enivrés de mon
injure et à qui mon infamie semblait rendre l'honneur!... Ah!
quand il eût ceint mon front, comme le vôtre, de la couronne des
czars, il est des bienfaits dont la honte dégage, et dans mon cœur,
dès ce jour, l'affront a tué la reconnaissance! Pour un traitement
pareil... un artiste[1] s'est tué de désespoir!... Il était Français...
moi, je suis Tartare!... et chez nous ce n'est pas en mourant
qu'on se venge.

LA CZARINE.

Qu'osez-vous dire?...

MENZIKOFF, froidement.

Rien!... je veille... pour moi... pour mes amis... la tâche n'est
pas grande... j'en ai peu! car excepté vous, Catherine, excepté
mes filles bien-aimées, mes filles, mon bonheur et ma joie, et
pour qui le Tartare donnerait sa vie, tout le reste ici-bas ne m'est
rien! Ces richesses, ces honneurs dont on me dit si avide, je n'y
tiens pas! je les jetterais!... (Avec force.) mais je ne veux pas qu'on
me les prenne... qu'on me vole... ce qui m'a coûté si cher... et
je saurai me défendre... Aussi ce n'est pas pour moi que je crains,
Catherine... c'est pour vous...

LA CZARINE.

Pour moi?...

MENZIKOFF.

Le czar... je voulais vous laisser ignorer cette nouvelle injure,
le czar, en partant, m'a chargé de veiller sur vous... d'épier vos
démarches...

____

1. Leblond, architecte français, venu en Russie sur l'invitation du Czar.

LA CZARINE.

Il serait possible!...

MENZIKOFF.

Comme il a chargé Jakouski, son favori actuel, de lui rendre
compte des miennes... Je le sais et ne m'en étonne pas! le czar
brise volontiers le marchepied qui lui servit à s'élever. Aux vieilles
amitiés que le temps attiédit, il préfère la chaleur d'un zèle récent.
Son nouveau favori lui inspire plus de confiance que moi, car ma
fortune est faite et la sienne est à faire ; aussi, dans la ferveur de
son ambition naissante, Jakouski est homme à nous dénoncer
tous les deux, moi, pour ne pas avoir dénoncé Votre Majesté...

LA CZARINE.

Et moi!... pourquoi?...

MENZIKOFF, souriant.

Pourquoi?... Faut-il vous le dire?... (La regardant.) Eh mais!...
Votre Majesté est émue! qu'elle se rassure! Pierre peut faire des
ministres... mais non pas des talents, et cet homme d'État, im-
provisé par le caprice du maître, n'est pas encore assez habile
pour deviner ce que moi, vieux courtisan, j'ai su à peine lire!...
Depuis un mois, une pensée constante vous préoccupe et vous ab-
sorbe!

LA CZARINE.

Erreur!... (Elle s'approche du canapé à gauche sur lequel elle s'assied.)

MENZIKOFF.

Je vous connais trop bien pour me tromper! J'ai cru d'abord
qu'il s'agissait de quelque grand projet digne de vous, de ces desseins hardis dont la témérité est prudence, d'un de ces coups
bien frappés qui changent la face d'un empire!

LA CZARINE, vivement.

Moi!... conspirer!...

MENZIKOFF.

Je l'espérais du moins... il n'en est rien! Si telle eût été votre
idée, vous l'eussiez dérobée à tous les yeux sous un air plus riant!
vous vous seriez entourée de tous ceux dont le zèle ou le ressen-
timent pouvaient vous servir; les bals, les fêtes eussent déguisé
et favorisé vos réunions et vos desseins! rien de tout cela, votre
tristesse, votre isolement, la cour que vous semblez fuir, des

larmes que j'ai souvent surprises dans vos yeux... tout me dit
qu'un autre sentiment fait pâlir votre front ou battre votre cœur !
Achevez, ma souveraine, confiez-vous à moi?... je ne veux savoir,
que pour veiller sur vous et éloigner le péril !

LA CZARINE, tristement.

Le péril, s'il y en a eu, est passé ! et je puis en parler à vous,
mon seul ami, comme le matelot qui, à l'abri du danger, aime à
redire la tempête ! Ainsi que moi, ainsi que toute la cour, vous
avez frémi, il y a un an, de l'horrible aventure qui fit tomber sous
la hache du bourreau une imprudente et généreuse victime !...

MENZIKOFF.

Mœns de la Croix !... dont l'amour fatal...

LA CZARINE, se levant.

Amour que jamais je n'encourageai ! je te le jure ! je l'atteste
devant lui, devant son ombre sanglante, devant Dieu qui m'entend !... Mais admis dans mon intimité par sa sœur Anna, ma
première dame d'honneur, accueilli par moi avec bonté, il s'était
épris d'une folle passion qu'il fallait plaindre et non punir de
mort !... La jalousie de Pierre, jalousie effrénée qui ne raisonne
pas, qui n'écoute rien, commença par frapper, quitte à juger et
à se repentir plus tard ! sans redouter pour lui et pour moi la
honte d'un éclat qui devait compromettre mon honneur, il condamna Mœns de la Croix à mort, il condamna au knout et à la
Sibérie Anna Mœns, sa sœur !... c'était l'acte d'un furieux... Mais
le soir même, il dirigea ma voiture vers l'endroit du supplice, au
pied du poteau où étaient attachés les restes de sa victime ! il me
força de contempler cette tête sanglante, ces lèvres décolorées
qui, en mourant peut-être, avaient murmuré mon nom ! Accablée
d'horreur, j'eus le courage de ne pas frémir ! mon visage ne trahit
pas ces paroles que prononçait mon cœur : Tigre, je te hais !...
(Avec chaleur.) Oui... c'est dans ce sang que toute reconnaissance,
que tout amour s'est éteint ! ce n'est plus, à mes yeux, de la main
du czar mais de celle du bourreau que j'ai reçu la couronne qui
brille sur mon front, et dans la pourpre même dont il m'entoure,
je ne vois encore que du sang ! (Elle passe vivement à la droite du théâtre.) [1].

1. Menzikoff, la Czarine.

MENZIKOFF, effrayé.

Plus bas! plus bas! de grâce!...

LA CZARINE.

Depuis ce jour, il se peut, je le crains, que je n'aie pas assez
déguisé le dégoût qu'il m'inspire et qu'il n'a pu comprendre ou
deviner! Il partit, appelé par de nouvelles guerres, par de nouveaux travaux, et, pour la première fois, il ne m'ordonna pas de
l'accompagner. Il me laissait, il est vrai, sous votre surveillance,
l'empire à gouverner; aussi, depuis plusieurs mois, dans ce palais
de Pétérof qu'il vient d'élever à grands frais... son Versailles, à
lui, je m'occupais sans relâche, et pour m'étourdir; de tous les
soins qui m'étaient confiés; le soir seulement et à l'heure où chacun est retiré, je descendais dans les jardins du palais, et, il y a
un mois, ma promenade solitaire me conduisit près d'un pavillon
où j'entendis causer et prononcer ce nom qui me fait toujours
tressaillir... celui de Mœns de la Croix. C'étaient de jeunes seigneurs qui tous plaignaient son sort; un seul, dont je ne connaissais pas la voix, semblait l'envier. « Aimer la czarine, disait-il,
« c'est déjà un bonheur! je n'en sais qu'un plus grand, celui
« d'être aimé d'elle! Oui, messieurs, chacun son ambition, mais
« pour une gloire pareille je risquerais avec joie la Sibérie ou la
« hache!... » On répondit par un éclat de rire... et je m'éloignai,
je disparus dans l'ombre. Le lendemain, à la réception du soir,
je me pris, malgré moi, à écouter avec plus d'attention les diffé-
rentes voix qui frappaient mon oreille; aucune ne me rappelait
celle de l'inconnu... lorsque le comte Zouboff, grand maître des
cérémonies, me présenta un jeune Polonais, arrivé depuis la veille
à Saint-Pétersbourg. L'étranger s'inclina avec respect devant moi,
et aux premiers mots qu'il m'adressa, je tressaillis! C'était le
jeune comte Sapieha!

MENZIKOFF.

Le fils du général!

LA CZARINE.

J'évitais de lui adresser la parole et même de le regarder, et
cependant il me fut impossible de ne pas remarquer combien ses
manières distinguées et polies, son bon ton et sa grâce contras-
taient avec les formes rudes et incultes de nos boyards et surtout
avec l'élégance d'imitation et d'emprunt de nos jeunes seigneurs

russes, élégance européenne greffée par le czar sur un fond asia-
tique. J'aurais pu attribuer au souvenir de la veille cette préven-
tion, cette préférence involontaire, si nos dames de la cour
n'avaient pris soin de la justifier par leurs suffrages! Bientôt les
plus belles, les plus fières, s'empressèrent de lui prodiguer leurs
plus doux sourires, elles semblaient solliciter ses regards, se disputer ses hommages! et moi, le voyant séduit par leur beauté ou
leur coquetterie, je détournai la tête en silence, m'efforçant de
cacher à tous les yeux le trouble que je cherchais à combattre et
que je ne pouvais vaincre... Oui, sans que jamais il l'ait soup-
çonné, sans l'avouer à personne, sans me l'avouer à moi-même,
je l'aimais! mon cœur fatigué d'ambition, rassasié de grandeurs,
brisé par des scènes terribles, retrouvait avec délices des illusions
et des rêves! cet amour sans avoir et sans espérance, cet amour
auquel je m'abandonnais, sans y croire, m'avait rendu une existence nouvelle! par lui j'oubliais les tourments de ma vie et les
ennuis du trône, par lui mes jours moins sombres ressemblaient
à ces nuages qui parfois s'entr'ouvrent et laissent voir le ciel!...
Rassure-toi, les nuages se sont refermés, adieu pour toujours,
adieu mes derniers rêves! Tu l'as entendu tout à l'heure... il refuse
cette place qui l'aurait retenu à la cour! demain je pars pour
Ladoga et lui pour la France!... l'espace et le devoir nous sépa-
rent!... oublie ce que je t'ai dit, comme je l'oublie moi-même!...
nous ne nous reverrons plus! (Elle s'assied à gauche.)

SCÈNE IV.

OLGA, MENZIKOFF, LA CZARINE, assise.

OLGA, qui entre par la porte à gauche, aperçoit la czarine et veut se retirer.

LA CZARINE.

N'est-ce pas la princesse Olga votre fille?

MENZIKOFF, prenant sa fille par la main, et la faisant passer près
de la czarine.

Oui, Majesté.

LA CZARINE, la regardant.

Pourquoi ne pas me l'avoir présentée plus tôt?

MENZIKOFF.

Il est des trésors dont on est jaloux! dont on est avare, et c'est peut-être un sentiment d'égoïsme paternel... qui m'a fait retarder jusqu'ici sa présentation à la cour. Je redoute ce monde qui va me la disputer et me l'enlever!

OLGA.

Pouvez-vous le penser?

LA CZARINE.

Sa place est près de moi, près de sa souveraine! Elle sera ma pupille, ma fille!

OLGA.

Ah! Madame... une telle bonté...

LA CZARINE, souriant.

Est peut-être une combinaison politique! Au milieu de ses grandeurs, le prince votre père me négligeait beaucoup! je le force ainsi à me voir chaque jour, car vous ne me quitterez plus! je vous garde en otage!... Mais vous veniez, mon enfant...

OLGA.

Rappeler à mon père une promenade en traîneau qu'il m'a promise, et remettre au ministre des lettres... des papiers importants que l'on vient d'apporter pour lui. (Elle remet plusieurs papiers à Menzikoff.)

MENZIKOFF, à la czarine.

Votre Majesté permet-elle?...

LA CZARINE.

Nous l'exigeons... dans l'intérêt de l'État!... (À Olga.) Rassurez-vous... ce ne sera pas long! Sa fille attend! les affaires auront tort!

MENZIKOFF, qui a jeté les yeux sur une lettre.

Excepté celle-ci, qui regarde Votre Majesté. (Il remet la lettre à la czarine.)

LA CZARINE, lisant à part et avec émotion.

« Le comte Sapicha prie Son Excellence de vouloir bien lui
« faire obtenir de sa gracieuse souveraine une audience particu-
« lière! Il serait heureux, avant son départ, d'offrir ses respects à
« Sa Majesté et de prendre ses ordres pour la France. » (Avec agitation.) Une audience particulière... à lui... c'est impossible!

MENZIKOFF.

La réponse de Votre Majesté?

LA CZARINE.

Je la ferai moi-même!..... Adieu, prince! (A Olga.) Adieu, mon enfant, à bientôt. (A part et réfléchissant.) Avant son départ, dit-il... et pour la dernière fois... (Avec un sentiment de désir.) Ah! (Vivement.) Non... non... (Avec force et courage.) Je ne le reverrai pas! (Elle sort par la porte à droite.)

SCÈNE V.

MENZIKOFF, OLGA.

MENZIKOFF, à part et la regardant sortir.

Catherine!... Catherine! la plaie est plus profonde que je ne le pensais.

OLGA.

Eh bien, mon père, partons-nous?

MENZIKOFF.

Je vais faire préparer les traîneaux.

OLGA.

C'est fait.

MENZIKOFF.

Qui a donné les ordres?

OLGA.

Moi! Ai-je eu tort?

MENZIKOFF.

Non, non, mon enfant! j'aime à te voir dans mon palais commander à tous et à moi-même!

OLGA.

A celui qui gouverne la Russie?

MENZIKOFF.

Et qui est heureux d'obéir à sa fille bien-aimée!

OLGA.

De sorte que, si je le voulais, c'est moi qui gouvernerais l'empire!

MENZIKOFF.

Il n'en irait pas plus mal !

OLGA.

Eh mais?...

MENZIKOFF.

Car, malgré ta jeunesse et ta candeur, j'ai cru voir déjà que tu
ne manquais ni de caractère ni d'énergie !

OLGA, souriant.

C'est de famille, mon père !... Qualités, du reste, bien inutiles
pour une femme ! pour moi !

MENZIKOFF, secouant la tête.

Qui sait?... Nous vivons dans un pays, ma fille, où la plus
haute faveur touche toujours à l'extrême disgrâce ! Saint-Pétersbourg et Tobolsk sont souvent bien près l'un de l'autre.

OLGA, d'un ton caressant.

Fi donc ! Quel sombre pressentiment ! Et pourquoi s'y livrer?

MENZIKOFF.

Tu as raison... au moment où la czarine est, pour toi, si gracieuse et si bonne... Que dis-tu de son projet de t'avoir sans cesse
près d'elle ?

OLGA, gaîment.

Il me charme !

MENZIKOFF.

Vraiment ! je ne te croyais pas tant d'ambition.

OLGA, riant.

C'est de famille, mon père !... Mon ambition à moi, ce sont les
fêtes et les bals de la cour.

MENZIKOFF.

Tu aimes donc la danse et les plaisirs?

OLGA.

Comme vous les grandeurs !... (souriant.) Mais ce que j'aime
surtout ce sont les promenades en traîneau... Partons.

MENZIKOFF, la retenant.

Un instant !... Nous avons si peu d'occasions de causer !...
(souriant.) A la cour, il se présentera, sans doute, à tes yeux quel-

que jeune seigneur... (Olga fait de la tête un signe affirmatif.) Jeune...
aimable... (Même signe.) qui te plaira! (Même signe.) Je te dis cela,
ma fille... parce que souvent je pense à ton mariage.

OLGA.

Moi aussi!

MENZIKOFF, étonné.

Ah!... (Avec bonhomie.) Eh bien, parlons-en! (L'emmenant vers le
canapé à gauche.) Quand tu étais toute petite encore, je rêvais déjà
pour toi les partis les plus brillants, les plus élevés! Je ne te voulais pas moins qu'un trône!

OLGA.

Et vous dites, mon père, que vous n'êtes plus ambitieux...

MENZIKOFF.

Quand on ne l'est plus pour soi, on l'est pour ses enfants... Je
veux avant tout que mes filles soient glorieuses et grandes!...

OLGA.

Si nous commencions par être heureuses!

MENZIKOFF.

C'est une idée... Tu as raison, mon enfant! ton bonheur avant
tout! Et je te jure que si tu avais fait un choix...

OLGA.

Je ne dis pas non!

MENZIKOFF, vivement.

Tu aimerais quelqu'un?

OLGA.

C'est possible!

MENZIKOFF, la faisant asseoir près de lui sur le canapé.

Et tu ne me le disais pas!... Et tu n'avais pas en moi assez de
confiance?...

OLGA.

On a confiance!... mais on n'ose pas!

MENZIKOFF.

Et qui te retient? quand tu peux aspirer à tout! quand il n'est
personne qui ne soit fier de notre alliance! Sais-tu quel est notre
pouvoir, quels sont nos titres, nos richesses? Sais-tu que de
la Courlande en Perse, de Riga à Derbent, nous pouvons, en

voyageant, nous arrêter chaque soir dans quelqu'une de nos
terres? (Avec chaleur.) Parle, mon enfant, parle! Je te donnerai qui
tu voudras, prince ou roi!

OLGA.

Et si ce n'était ni un prince, ni un roi?

MENZIKOFF.

Si tu l'as choisi... si tu l'aimes... qu'importe! c'est chose faite.
Quel est-il? Comment! depuis quand l'as-tu connu?

OLGA.

Depuis quinze jours à peine! Nous traversions la Néva au
grand galop de six chevaux de l'Ukraine, conduits par Iwan, qui,
dès le matin, était ivre.

MENZIKOFF.

Le misérable!..

OLGA.

En l'honneur de mon jour de naissance! Et puis la neige qui
tombait par flocons empêchait d'apercevoir un endroit où la glace
était à peine prise. On avait beau crier de loin : Arrêtez! arrêtez!
impossible de retenir les chevaux; les deux premiers de l'attelage
étaient déjà engloutis! A l'aspect du danger, Iwan, abandonnant
les guides, avait eu, ainsi que ma gouvernante, le temps de se
jeter hors du dronski; mais moi, enveloppée dans mes fourrures,
dont je ne pouvais me défaire, j'allais être précipitée dans l'a-
bime... (Voyant le geste d'effroi de Menzikoff.) Rassurez-vous, mon père!
me voilà! Un beau jeune homme, qui avait sauté de son trai-
neau, s'élance, au risque de sa vie, m'enlève dans ses bras et
m'emporte sur la glace qui craquait sous ses pieds, tandis qu'Iwan,
pâle et tremblant, nous suppliait, mon libérateur et moi, de ne
pas parler de cet accident, assurant que vous le tueriez indubita-
blement.

MENZIKOFF.

Il peut y compter... et rien ne m'en empêchera.

OLGA.

Que moi, mon père! moi qui demande sa grâce! car, sans lui,
sans sa maladresse, je n'aurais pas été sauvée par le bel inconnu...
Et si vous saviez quels soins il m'a prodigués!... comme il attachait sur moi ses regards inquiets et pleins d'expression! Je

n'osais lui demander à qui nous devions un tel service. Ma gouvernante a été plus hardie! « Je suis Polonais, a-t-il répondu, le comte Sapieha! »

MENZIKOFF, poussant un cri.

Sapieha!

OLGA.

Depuis, et plusieurs fois à cette heure-ci, je l'ai rencontré à la promenade sur la Néva.

MENZIKOFF, à part.

Sapieha!

OLGA.

Chaque fois que son traîneau passait près du mien il me saluait avec respect.

MENZIKOFF.

Voilà pourquoi, tout à l'heure, tu tenais tant à sortir en traîneau!

OLGA.

Précisément... Venez... je vais vous le montrer!

MENZIKOFF, avec impatience.

Eh! je ne le connais que trop!

OLGA.

Que voulez-vous dire?...

MENZIKOFF, à demi-voix.

Qu'il faut oublier et cette aventure... et le comte Sapieha!...

OLGA.

Et pourquoi?...

MENZIKOFF, avec embarras.

Pourquoi?... parce que dès demain, il retourne en France... et quitte la Russie pour toujours!

OLGA.

Mais son père l'habite!... et puis s'il savait, par vous, que celle qu'il a sauvée lui garde une éternelle reconnaissance!... s'il savait surtout que le premier ministre l'accepte pour gendre... j'ignore ce qu'il répondrait, je ne puis le deviner... mais il me semble qu'à sa place .. je resterais!

MENZIKOFF , effrayé.

Et s'il restait... ce serait plus terrible encore... de plus grands obstacles...

OLGA.

Lesquels?...

MENZIKOFF, de même.

Ne m'interroge pas! Mais pour ton repos, mon enfant, pour le bonheur de ta vie... je ne puis te le donner pour époux... c'est le seul que je doive exclure...

OLGA, pleurant.

Et vous me disiez de choisir?...

MENZIKOFF.

Silence!... (Se retournant avec impatience.) Qui vient là?...

SCÈNE VI.

OLGA, MENZIKOFF, VILLERBECK, SAPIEHA.

VILLERBECK, entrant en causant avec Sapieha.

Oui, mon cher comte, d'après les ordres du czar je repars ce soir... (Apercevant Menzikoff.) Et je venais, mon prince, demander à Votre Excellence ses instructions pour la mer Caspienne... (Sapieha s'incline devant Olga qui lui rend son salut.)

MENZIKOFF.

Mes dépêches seront prêtes! (Prenant Olga par la main.) Viens, mon enfant! (Il sort avec Olga par la gauche.)

SCÈNE VII.

SAPIEHA, qui a remonté la scène, redescend, et donne à Villerbeck une poignée de main. VILLERBECK.

SAPIEHA.

Nous quitter déjà, amiral, et cette fois peut-être pour toujours.

VILLERBECK.

Non pas; j'espère bien, à mon retour, vous retrouver encore

ici!... car vous avez beau dire, monsieur le comte, vous réfléchirez et ne persisterez pas à refuser la place que le czar vous offre.

SAPIEHA.

Si vraiment! plus je vois de près les mécomptes de l'ambition et plus je reste fidèle à mon système...

VILLERBECK.

Lequel?

SAPIEHA.

De n'être rien et de n'aimer rien... que les femmes... Oui, amiral, il n'y a que cela de bon, de désirable au monde! le jeu, l'ambition, l'amour de l'or, toutes les autres passions nous abaissent, le culte des femmes nous élève! il ennoblit le cœur et la pensée, adoucit les mœurs, donne du charme, de l'esprit, de l'élégance aux manières!... il donne enfin le désir de plaire, et par là nous rend meilleurs; sans les femmes, en un mot, ce ne serait pas la peine de vivre, car sans elles, l'existence de l'homme n'aurait ni assistance au commencement, ni bonheur au milieu, ni consolation à la fin!

VILLERBECK, secouant la tête.

Permettez!... c'est selon les beautés que vous aimerez.

SAPIEHA.

Je les aime toutes!... présentes, elles ont mon hommage; absentes, mon souvenir! leur tendresse a ma reconnaissance, et leur rigueur a mon estime, car lorsqu'elles cèdent je les aime!

VILLERBECK.

Et quand elles ne cèdent pas?

SAPIEHA.

Je les adore!

VILLERBECK.

S'il en est ainsi, ne partez pas et acceptez la clé de chambellan qu'on vous offre! une place où vous ferez la cour aux dames, cela rentre complétement dans votre spécialité.

SAPIEHA.

Que trop!... et j'ai là des lettres d'adieux, deux surtout qui me désolent.

VILLERBECK.

Comment cela?

SAPIEHA.

Par la difficulté d'y répondre... (Les tirant de sa poche.) Jugez plutôt! (Lisant.) « Je n'ai, dans la soirée, qu'un instant à vous donner...
« Le comte va ce soir au sénat à dix heures... »

VILLERBECK, à part.

C'est la petite comtesse Bestuttcheff.

SAPIEHA, lisant une autre lettre.

Et cette autre?... (Lisant.) « Le prince préside à dix heures
« le sénat... Venez... » (Avec impatience.) Toutes les deux... à dix
heures!...

VILLERBECK.

C'est une heure fatale!

SAPIEHA.

Pour moi!

VILLERBECK.

Non! pour le sénat!

SAPIEHA.

Je ne sais, en conscience, quel parti prendre...

VILLERBECK, à demi-voix.

Silence!... c'est un huissier du palais... (L'huissier salue Sapieha, lu
remet une lettre et sort après avoir salué de nouveau.)

SAPIEHA, décachetant la lettre.

« Le secrétaire des commandements a l'honneur de prévenir
« monsieur le comte de Sapieha que Sa Majesté le recevra en
« audience particulière ce soir à dix heures! » O ciel!

VILLERBECK.

Qu'est-ce donc? un nouvel embarras?

SAPIEHA.

Au contraire!

VILLERBECK.

Un moyen d'en sortir?...

SAPIEHA, vivement.

Précisément... Je n'hésite plus!... (Relisan avec bonheur.) « Ce
« soir à dix heures. »

VILLERBECK.

Un troisième adieu!... Prenez garde, monsieur le comte!..

2.

(Tous les deux remontent le théâtre.) je connais mieux que vous le pays, nous avons des boyards féroces, des maris peu civilisés et qui se fâchent pour... pour un rien... Sous ce rapport, on est encore ici dans la barbarie.

SAPIEHA.

Rassure-toi... il n'y a là rien à craindre !

VILLERBECK.

Et moi... j'ai idée que, de gaieté de cœur, vous allez vous exposer à quelque grand danger.

SAPIEHA.

C'est possible !

VILLERBECK.

Qu'il serait plus sage d'éviter.

SAPIEHA.

Tu peux avoir raison.

VILLERBECK.

Eh bien alors ? eh bien ?...

SAPIEHA.

J'irai !... Adieu !... (il sort par le fond, Villerbeck par la gauche.)

FIN DU PREMIER ACTE.

ACTE DEUXIÈME

Même décor.

SCÈNE PREMIÈRE.

OLGA, debout ; MENZIKOFF, assis à droite.

OLGA.

Vous voyez bien, mon père, que les politiques les plus habiles
ne peuvent répondre des événements... que les ministres même
se trompent! Vous étiez certain, il y a quinze jours, que monsieur le comte Sapieha devait partir le lendemain pour la France,
et il est encore ici, à Péteroff.

MENZIKOFF, d'un air sombre.

Oui!

OLGA.

Et il a accepté la clef de chambellan qu'il avait refusée d'a-
bord!...

MENZIKOFF, de même.

Oui!

OLGA.

Et depuis quinze jours il paraît presque tous les soirs au cercle
de l'impératrice, ce qui nous plaît beaucoup, à nous autres demoiselles d'honneur! surtout quand il raconte des anecdotes de la
cour de France! c'est si amusant! Il parlait hier du roi Louis, un
czar qu'on appelait aussi *le Grand*... mais bien plus aimable que
le nôtre...

MENZIKOFF.

Silence!

OLGA.

Et de mademoiselle de La Vallière, une pauvre demoiselle
d'honneur qu'il adorait... cela nous intéressait toutes ; et de monsieur de Lauzun, un de ses favoris, si élégant, si brillant!. . Ces

dames se disaient tout bas que monsieur de Sapicha lui ressemblait!

MENZIKOFF.

Et toi?

OLGA.

Moi! je ne disais rien! Vous m'avez défendu de lui parler, et même de le regarder... j'y fais mon possible. Mais pourquoi?... je vous le demande!...

MENZIKOFF, se levant et passant à gauche.

Parce qu'il le faut.

OLGA.

Il doit me prendre pour une ingrate et surtout pour une sotte, ce qui est très-désagréable!

MENZIKOFF, avec impatience.

Qu'importe? puisque tu ne peux être à lui! puisqu'il ne peut t'épouser... Crois-moi, mon enfant, je n'en suis que trop certain.

OLGA.

Oui, mon père! Mais vous vous étiez déjà trompé une première fois, sur son départ! vous pourriez bien vous tromper encore cette fois...

MENZIKOFF.

Non!... Et je t'en conjure, Olga, ne parlons pas de lui .. (Après un instant de silence.) Comment la czarine est-elle pour toi?

OLGA.

La plus gracieuse du monde... elle m'accable de bontés, m'a donné le titre et le rang de première demoiselle d'honneur. Le jour je ne la quitte pas! et la nuit j'habite près d'elle... dans le pavillon du Sud... Je suis la seule... aussi j'excite déjà l'envie de toutes les autres dames, qui prétendent que là, comme ailleurs, notre famille envahit toutes les places. Et moi, je me fais petite et modeste pour me faire pardonner ma faveur... et la vôtre!

MENZIKOFF.

Et dis-moi, Olga, puisque tu ne quittes pas la czarine, as-tu remarqué quelque changement dans son caractère et dans son humeur?

OLGA.

Un très-grand! Elle était triste... elle est gaie! Tout l'importunait, tout lui plaît et l'amuse... Au lieu de vivre isolée et retirée dans ses appartements, ce qui eût été bien ennuyeux pour moi, elle multiplie les bals, les concerts! Hier soir encore, une fête magnifique... et pour surcroît de plaisir... vous savez que depuis deux jours nous avons un ambassadeur turc, Son Excellence Baltadjy-Mehemet.

MENZIKOFF.

Homme de tête et de cœur! brave général et habile diplomate.....

OLGA.

Il a pour toutes les demoiselles d'honneur les phrases turques les plus galantes et les présents les plus précieux, mais c'est surtout près de la czarine qu'il redouble de soins et d'attention!.... Je le regardais hier, car celui-là vous ne m'avez pas encore défendu de le regarder, et quand ses yeux se tournaient vers Sa Majesté, ils brillaient d'une expression bien singulière... chez un Turc!...

MENZIKOFF, réfléchissant.

Ah! tu as remarqué...

OLGA.

Oui!...

MENZIKOFF, de même et passant à droite.

C'est en effet... extraordinaire... (Après un instant de silence.) Encore un mot? Monsieur le comte Sapieha...

OLGA, vivement.

C'est vous qui en parlez, mon père! ce n'est pas moi!

MENZIKOFF.

C'est juste! je m'en accuse... Mais, dis-moi, quel est son air et son maintien auprès de la czarine?...

OLGA.

Très-froid et très-respectueux! ne levant jamais les yeux sur Sa Majesté, qui de son côté le regarde à peine.

MENZIKOFF, après un instant de silence.

C'est bien! Et maintenant, mon enfant, laisse-moi... Eh bien, qu'as-tu donc... tu trembles?...

OLGA, avec embarras et regardant à droite.

Ah! c'est que...

MENZIKOFF.

Qu'est-ce donc?... (Il regarde aussi à droite.) Courage, ma fille...
courage... (A part, regardant Olga qui sort par la gauche.) Pauvre enfant!
(Regardant Sapieha.) Ah! il faut qu'il parte! il le faut! pour elle... et
pour une autre encore!

SCÈNE II.

MENZIKOFF, SAPIEHA.

MENZIKOFF, à Sapieha, qui est venu de la droite et va sortir par le fond.

Un mot, monsieur le chambellan?

SAPIEHA.

A vos ordres, mon prince.

MENZIKOFF.

Le czar m'a donné l'ordre d'observer exactement tout ce qui se
passerait en son absence à Saint-Pétersbourg et à la cour.

SAPIEHA, souriant.

Les observations que Votre Excellence a pu faire promettent-
elles un recueil amusant et original?

MENZIKOFF.

Vous allez en juger, car avant d'en donner connaissance à Sa
Majesté... je veux vous en faire part.

SAPIEHA.

A moi, Excellence?... c'est là une bonne fortune...

MENZIKOFF.

Différente de celles auxquelles vous êtes habitué.

SAPIEHA.

Et qui n'en aura alors que plus de piquant.

MENZIKOFF.

Première observation : Il y a quinze jours, vous deviez quitter
la Russie; vous l'aviez annoncé à tous vos amis, mais la veille de
votre départ vous avez obtenu de la czarine une audience particulière.

SAPIEHA.

J'ai eu cet honneur.

MENZIKOFF.

J'ignore ce qui s'est dit dans cette audience, mais le lendemain
vous n'êtes pas parti pour la France... c'était une faute ! quitte à
revenir, il fallait partir au jour annoncé.

SAPIEHA.

Que voulez-vous dire?

MENZIKOFF.

Seconde observation : Vous avez alors accepté la clef de chambellan que vous aviez publiquement refusée la veille... ce qui était
encore une faute... (A Sapieha, qui fait un geste.) ou une imprudence,
si vous l'aimez mieux. Vous me répondrez que vous en avez com-
mis bien d'autres, parce que dans l'ivresse du succès on ne voit
rien... mais l'observateur de sang-froid ne perd aucun détail ! et si
je faisais part au czar, qu'on attend, de mes remarques et conjec-
tures...

SAPIEHA.

Suppositions injurieuses et fausses !

MENZIKOFF.

Qu'un mot changerait en certitude... Et si la nuit dernière,
après le bal, quelqu'un, monsieur le comte, vous avait suivi?...

SAPIEHA , à part.

O ciel !...

MENZIKOFF, sévèrement.

Je sais tout! vous le voyez... nier avec moi l'évidence n'est plus
le devoir d'un galant homme, mais l'acte d'un insensé qui veut
perdre ce que l'honneur lui ordonne de sauver!... Je reprends
donc ma phrase que vous avez, à tort, interrompue! D'ici à quelques jours l'on attend le czar! je n'ai qu'un mot à dire... et votre
tête tombe !

SAPIEHA.

Je n'y tiens pas !

MENZIKOFF.

Moi, j'y tiens! et vous donnerai un conseil... celui de vous
éloigner... par intérêt...

SAPIEHA.

Pour moi?...

MENZIKOFF.

Non! pour quelqu'un... (se reprenant.) ou plutôt pour des raisons à moi connues et pour lesquelles vous ne me devez aucune reconnaissance... Partez donc ce matin, à l'instant; j'ai donné des ordres nécessaires et vous trouverez sur votre route les relais préparés par mes soins.

SAPIEHA.

Merci, mon prince... Mais un mot, de grâce! est-ce de votre part seulement que me vient cet avis?

MENZIKOFF.

Oui, monsieur le comte, on ignore ma démarche.

SAPIEHA.

Je reste, alors.

MENZIKOFF.

Mais ce que j'ai vu, d'autres peuvent le deviner... ce que je tairai, d'autres peuvent le dire... le nouveau favori, Jakinski, veille sans cesse sur la czarine et sur moi; au moindre soupçon vous êtes perdu... et vous ne savez pas quels dangers vous environnent... *vous* et *elle*...

SAPIEHA.

Raison de plus pour rester et ne pas l'abandonner.

MENZIKOFF.

Quand la mort vous menace...

SAPIEHA.

La mort!... (souriant.) Un jour de combat ou de complot, ce mot-là, mon prince, vous eût-il arrêté?

MENZIKOFF.

Non, parbleu!... mais quand il s'agit de la fortune...

SAPIEHA, avec exaltation.

Et quand il s'agit d'une femme!

MENZIKOFF.

Ce n'est pas la même chose.

SAPIEHA.

C'est plus encore!... pour moi, du moins.

MENZIKOFF.

Mais c'est de la folie !

SAPIEHA.

C'est du bonheur !... chacun le sien !

MENZIKOFF.

Vous êtes donc bien enchaîné, bien amoureux, bien épris ?

SAPIEHA.

Éperdument !... et si une chose m'étonne, c'est de ne pas l'être
davantage ! J'aurais donné, sans hésiter, ma vie entière pour quelques minutes passées près d'*elle !* parce qu'il y a là, vous com-
prenez... un prestige qui vous éblouit, qui vous enivre ! de loin,
c'est plus qu'une mortelle, c'est un être divin qu'on ose à peine
adorer !... mais quand on a osé... quand on a rêvé le ciel...

MENZIKOFF, froidement.

Il y a toujours un moment où l'on redescend sur terre, où l'on
s'éveille et l'on se retrouve dans la réalité...

SAPIEHA, vivement.

Réalité qui me charme... qui me charmera toujours ! je l'atteste !... Aussi, que celle qui a reçu mes serments soit déesse ou
mortelle, l'amour et la reconnaissance m'enchaînent, l'honneur
commande, et tant qu'elle ne m'aura pas rendu mes serments,
tant qu'elle ne m'ordonnera pas elle-même de m'éloigner... et de
l'oublier... je resterai, quel que soit le danger ! je resterai près
d'elle, car je ne crains rien... que de lui paraître ingrat !

MENZIKOFF.

O jeunesse insensée ! qui pour un amour d'un instant, pour un
rêve, un caprice, compromet tout un avenir...

SAPIEHA, souriant.

Vous n'avez jamais été ainsi ?...

MENZIKOFF.

Jamais !

SAPIEHA.

Eh bien, je vous plains !

MENZIKOFF.

Et moi je vous trouve... absurde !

APIEHA.

Soit!... j'aime mieux avoir tort... comme moi, que raison...
comme vous.

MENZIKOFF.

Rappelez-vous, monsieur le comte, que je voulais vous sauver;
et si la foudre éclate... n'accusez que vous-même qui l'aurez
attirée sur votre tête... adieu! (Il sort par le fond.)

SCÈNE III.

SAPIEHA, seul.

Eh! oui sans doute... il y va de ma tête... je le sais bien! c'est
une chance! et je les ai toutes acceptées... aussi ce n'est pas de
moi qu'il s'agit... mais de Catherine qu'il faut sauver, n'importe
à quel prix, je l'ai juré... et ce n'est pas seulement le danger,
c'est le soupçon qu'il faut éloigner d'elle!... mais l'aventure
d'hier, au sortir du bal, est tellement inexplicable, que ma raison
ne sait comment conjurer un péril qu'elle ne comprend pas! On
vient... Allons! éclairons ce front sombre, cachons ces rides de
conspirateur qui éveilleraient les soupçons! c'est charmant... il
faut ici être gai... sous peine d'être criminel!

SCÈNE IV.

SAPIEHA, VILLERBECK.

SAPIEHA, se retournant gaiement.

Eh!... c'est mon amiral!... est-ce qu'il conspirerait par hasard?
Sa physionomie, d'ordinaire si insouciante, me semble aujour-
d'hui méditative et défaite.

VILLERBECK.

Il y a de quoi!

SAPIEHA.

Aurions-nous été battu?

VILLERBECK.

Moi ! amiral russe !...

SAPIEHA.

Cela peut se voir !

VILLERBECK, avec impatience.

Eh bien oui !... battu ! Comment? je l'ignore !... Par qui?... je
n'en sais rien... je ne sais pas même au juste si c'est une réalité... ou un cauchemar... Le seul fait dont je sois certain... c'est
que j'étais gris !

SAPIEHA.

Par extraordinaire !

VILLERBECK.

Non ! tout naturellement !... J'avais été invité à dîner par les officiers de l'amirauté hier à mon arrivée, car j'arrive de la mer Caspienne... mission dont il s'agit de rendre compte au czar, aussitôt
son retour... mais alors il s'agissait de dîner... Je vous passe les
détails et le nombre des bouteilles... ce serait trop long. Ce que
je me rappelle seulement, c'est qu'il était midi quand nous nous
sommes mis à table, et qu'il faisait nuit noire quand nous en
sommes sortis. Dans l'intention d'aborder à mon hôtel, j'avais mis
le cap sur la droite et je me suis trouvé à gauche... dans un grand
parc au milieu de sapins et de bouleaux. Minuit sonnait, la tem-
pérature était glaciale, et, le nez enveloppé dans mon manteau...
je cherchais à m'orienter et surtout à reconnaître un pavillon vis-
à-vis duquel je me trouvais en ce moment.

SAPIEHA, à part.

Ah ! mon Dieu !

VILLERBECK.

Lorsqu'au balcon du premier étage, une persienne s'entr'ouvre,
une main passe et me jette une clef qui tombe à mes pieds sur la
neige ! Une clef, à quoi bon?... et que faire de cette clef... c'est ce
que je me disais, en m'abritant sous le balcon et en m'adossant
contre une petite porte que je n'avais pas vue d'abord !... Les
clefs ne vont pas sans porte et les portes ne vont pas sans clef...
Or, la porte et la clef avaient été faites l'une pour l'autre, car la
clef ouvrait la porte que je ne refermai pas, pour m'assurer, à tout
hasard, une retraite. Mon idée, si j'en avais une, était de trouver,

pour le reste de la nuit, un asile plus chaud que la rue... Devant
moi un escalier qui, heureusement, avait une rampe; puis une
antichambre ou un salon, je ne sais pas au juste; puis à droite, à
moins que ce ne fût en face, une porte entr'ouverte d'où s'échap-
pait un rayon de lumière; je m'élance en trébuchant, et j'aper-
çois, enveloppé d'une pelisse blanche, une femme qui jette un cri
et renverse son flambeau.

SAPIEHA, vivement.

Malheureux !

VILLERBECK.

C'est justement... ce que me dit d'une voix étouffée... quelqu'un qui montait vivement derrière moi, et qui, me saisissant
d'une main vigoureuse, me forçait à rétrograder. Depuis ce
moment, tout est vague et confus... d'autant que l'escalier, redes-
cendu en roulant, avait contribué à renverser mes idées qui
n'étaient pas déjà très-nettes... Je crois pourtant... me rappeler
que, ranimé par le grand air... je luttai quelques instants en dehors, à la porte du pavillon, contre mon adversaire inconnu...
tout le reste ne m'apparaît plus qu'au travers des nuages, des
vapeurs, des tourbillons de neige... et je me suis réveillé, ce matin, dégrisé et gelé, devant la porte de mon hôtel... où j'avais
passé la nuit!...

SAPIEHA, riant.

C'était un rêve... mon cher... un mauvais rêve...

VILLERBECK.

Vous croyez?... C'était ma première pensée... Mais, d'un autre
côté, mes habits déchirés... les traces et les suites de la lutte me
font croire à la réalité de l'aventure... et celui qui m'a insulté et
frappé...

SAPIEHA.

Ne vous connaissait pas... et comme vous peut-être... était
dans l'ivresse... une autre ivresse!... La seule chose importante
eût été de savoir où se passait l'anecdote... et vous ne le savez
pas?

VILLERBECK.

Non !

SAPIEHA, à part.

Je respire !

VILLERBECK.

J'ai idée cependant... que les grands arbres verts appartenaient à quelque parc impérial...

SAPIEHA.

Allons donc ! .. Des sapins... et des bouleaux... il y en a partout... il n'y a pas d'autre verdure en Russie... Et là... franchement, vous n'avez pas distingué les traits de la beauté mystérieuse ?...

VILLERBECK.

Non... je n'ai rien vu !...

SAPIEHA, à part.

Nous sommes sauvés !

VILLERBECK.

Rien !... mais au cri que cette femme a poussé... c'est bien singulier... il m'a semblé...

SAPIEHA, vivement.

Quoi donc ?...

VILLERBECK.

Rien !... la nuit tous les cris se ressemblent...

SAPIEHA, le pressant.

Mais encore ?...

VILLERBECK, vivement.

Non... ce serait trop absurde !... Il faut être ivre pour avoir des idées pareilles... (rêvant.) Ce qui aurait pu les justifier... cependant... c'était la richesse de l'ameublement... j'étais, à coup sûr, chez une grande dame.

SAPIEHA, vivement.

Raison de plus alors pour vous taire.

VILLERBECK, de même.

Vous croyez ?...

SAPIEHA.

Sinon ce serait s'exposer au courroux de quelque famille puissante... qui, pour assoupir cette affaire... vous enverrait loin ! bien loin !... et les nuits de la Sibérie sont plus froides encore que celle passée à la porte de votre hôtel.

VILLERBECK.

Vous avez raison !... j'en grelotte d'avance ! et si quelque rumeur circulait à ce sujet...

SAPIEHA, vivement.

Je les éloignerai... comptez sur moi...

VILLERBECK.

Silence ! c'est la czarine !...

SCÈNE V.

SAPIEHA, LA CZARINE et quelques personnes de la cour,
VILLERBECK.

LA CZARINE, qui est entrée de la droite, aperçoit Sapieha et dit à voix haute
et gaiement :

Ah ! monsieur le comte Sapieha, notre chambellan !

SAPIEHA.

Qui vient prendre les ordres de Votre Majesté pour la composition du concert de ce soir. (La czarine fait signe à Sapieha d'approcher. Celui-ci s'incline.)

LA CZARINE, à voix basse à Sapieha.

Je me meurs d'inquiétude ! Savez-vous quelque chose ?...

SAPIEHA, toujours incliné, à voix basse et sans lever la tête.

Je sais tout ! Rien à craindre, et dès que vous connaîtrez les détails...

LA CZARINE, de même.

Il faut que je vous parle !

SAPIEHA, de même.

Comment !

LA CZARINE, à voix haute.

N'oubliez pas que ce concert est donné en l'honneur de Son Excellence Baltadji-Mehemet ; il nous faudra quelque mélodie de son pays... quelques airs de l'Orient... Du reste, vous me soumettrez la composition du concert ici... dans une demi-heure.

(Sapieha salue et s'éloigne par le fond.)

SCÈNE VI.

LES PRÉCÉDENTS, MENZIKOFF, entrant par la droite d'un air agité.

LA CZARINE, se tournant vers lui.

Eh mon Dieu, prince, qu'y a-t-il ?

MENZIKOFF.

Il est arrivé... Je viens de le voir !

TOUS.

Le czar !...

LA CZARINE, étonnée.

Arrivé !... arrivé !... sans me faire prévenir... sans se présenterchez moi !...

MENZIKOFF.

Il est furieux et ne veut recevoir personne... que Jakinski et Villerbeck, qu'il a fait demander.

VILLERBECK, effrayé.

Moi !... (A part.) Serait-ce pour la mer Caspienne, ou saurait-il déjà mon aventure ? (A Menzikoff.) Vous croyez qu'il est furieux ?...

MENZIKOFF.

Et je vous conseille de laisser passer le premier moment...

VILLERBECK.

C'est ce que je ferai. (Il sort vivement par le fond.)

LA CZARINE, à sa suite.

Plus tard le czar recevra vos hommages... Laissez-nous ! (Tous sortent par le fond.)

SCÈNE VII.

LA CZARINE, MENZIKOFF.

MENZIKOFF.

Il est dans un de ses accès de colère... dans une de ces crises où sa raison semble prête à l'abandonner... Il m'a accueilli, la

menace et l'injure à la bouche ! Et comme je lui parlais d'annon-
cer son arrivée à Votre Majesté : « Qu'elle ne s'offre point à ma
« vue ! s'est-il écrié ; qu'elle ne se présente pas devant moi... ou
« je la briserai comme ceci... » Et il a fait voler en éclats la
grande glace de Venise qui orne le premier salon.

LA CZARINE, froidement.

Connaissez-vous la cause de cette fureur ?

MENZIKOFF.

Non !... Il tenait à la main un papier qu'il froissait convulsivement.

LA CZARINE, à part et froidement.

Il sait tout ! Jakinski a découvert mon secret ! La foudre devait
me réveiller, je m'y attendais ; mais pas encore !... Quitter la vie
quand on est aimée !... c'est trop tôt !... (A Menzikoff) Dites à Sapieha de partir.

MENZIKOFF.

Je le lui ai dit... et il refuse.

LA CZARINE, avec joie.

Ah !... c'est bien !... mais ce n'est pas juste ! Coupable, c'est
moi qui dois mourir... et non pas lui... Je vais trouver le czar...
(Elle passe à droite.)

MENZIKOFF, écoutant.

C'est lui !... c'est lui !... Je crois l'entendre !...

LA CZARINE, vivement à Menzikoff.

Va dire à Sapieha que je lui ordonne de vivre... Qu'il parte !...

MENZIKOFF.

Et vous ?...

LA CZARINE.

Je reste ! (Menzikoff sort par la porte à gauche.)

SCÈNE VIII.

LA CZARINE, au fond, à droite; LE CZAR, entrant par la droite. Il marche avec agitation, traverse le théâtre sans proférer une parole, puis va se jeter dans un fauteuil à droite près d'une table qu'il frappe du poing avec violence. Il lève les yeux et aperçoit la czarine, qui est venue se placer devant lui. Il reste immobile d'étonnement et de fureur.

LE CZAR, avec une colère qu'il cherche à modérer.

Ici! devant moi! après ma défense!... Ne sais-tu pas ce que peut ma colère?...

LA CZARINE, froidement.

Elle vous a fait briser le plus bel ornement de votre palais... Qu'y avez-vous gagné?

LE CZAR, avec fureur et se levant.

Catherine!... à genoux!...

LA CZARINE.

Le front que vous avez ceint de la couronne ne s'incline plus que devant Dieu!

LE CZAR, de même.

A genoux!... ou le châtiment le plus terrible...

LA CZARINE.

J'attends mon arrêt.

LE CZAR.

Tu sais donc l'avoir mérité?

LA CZARINE.

Je sais que tel est votre caprice! cela suffit!... Vous m'avez mise sur le trône, vous m'en faites descendre! Résignée à tous vos bienfaits, je les accepte.

LE CZAR.

Tu te poses en victime quand ton crime t'accuse! Ce n'est pas seulement moi, c'est l'État que tu trahis. Et cette lettre de Baltadji-Mehemet!...

LA CZARINE, avec joie.

Ah! ce n'est que cela!...

LE CZAR.

Cette lettre, interceptée par des serviteurs fidèles, prouve que le nouvel ambassadeur... t'est dévoué... à toi...

LA CZARINE.

Appelez-vous cela trahir la Russie?

LE CZAR, avec colère.

Pourquoi alors cette correspondance à mon insu? pourquoi des intelligences avec ces Turcs nos ennemis!

LA CZARINE.

Des ennemis!... quand nous sommes en paix!...

LE CZAR.

Jamais!... c'est dans la paix qu'on fait la guerre... c'est plus tard qu'on la déclare. (Avec impatience.) Enfin de quel droit un de mes sujets, même la czarine, esclave couronnée, se permet-elle dans ma cour, dans mon empire, une seule démarche que j'ignore! il y a donc trahison!!.. répondez? (Avec une fureur croissante.) Mais parlez donc? qu'attendez-vous?

LA CZARINE, froidement.

Que vous soyez plus calme.

LE CZAR, tombant dans un fauteuil et cherchant à modérer sa colère.

Je le suis... je le suis!

LA CZARINE, debout.

Depuis le jour où Charles XII laissa dans nos déserts, son armée, mais non pas sa gloire... rien ne vous sembla plus impossible!... et dans vos rêves ambitieux, l'Europe vous appartenait déjà. Attaquée par vous, à l'improviste, sans armées, sans généraux, la Turquie n'avait pour elle que la justice de sa cause... et l'on commande à la justice, disiez-vous, quand on commande à trois cent mille hommes!... Il n'en fut pas ainsi... et sur les bords du Pruth, Baltadjy Mehemet, ce vizir que vous méprisiez, vous avait vaincu et vous tenait prisonnier.

LE CZAR, avec fureur, se levant et passant à gauche où il s'assied.

Tais-toi, tais-toi, ne me rappelle pas cette nuit fatale...

LA CZARINE.

Où vous voyiez s'écrouler en un moment le rêve de la puissance moscovite! toutes vos espérances d'ambition et de gloire détruites! le présent et l'avenir anéantis... aucun de vos officiers n'osait entrer dans votre tente où vous vous rouliez furieux et désespéré... j'y pénétrai! je ranimai votre courage, je fis briller à vos yeux un rayon d'espoir! « Catherine, vous êtes-vous écrié alors, « en tombant à mes genoux, Catherine; si tu sauves mon empire « et mon armée, si tu me préserves de l'affront d'être traîné en « triomphe à Constantinople, le dévouement de ma vie entière, l'a- « mour de mon peuple et le mien ne pourront jamais nous acquit- ter! » Vous l'avez dit! « Va, fais comprendre à ce vizir que l'intérêt « de son souverain n'est pas de nous abattre... Enfin, et pour le « gagner, porte-lui notre or, nos diamants... donne-lui tout... pro- « mets-lui plus encore! » — Vous me l'avez dit! (Froidement.) Je suis partie!... le soir même les rangs de l'armée ottomane s'ouvraient pour laisser passer la nôtre, vous étiez libre! vous emportiez ce traité qui vous sauvait et que déjà vous cherchiez à rompre! et l'Europe a publié que le grand vizir tenait entre ses mains le czar et son armée, qu'il pouvait les jeter dans le fleuve ou les faire prisonniers, et qu'il s'est laissé désarmer et séduire par nos pré- sents... et l'histoire un jour le répétera!... Mais vous, Sire, vous général d'armée, vous ambitieux et conquérant, avez-vous pu croire que pour de l'or et des diamants, dont son souverain l'au- rait comblé, le vizir aurait laissé échapper sa proie?... l'auriez- vous fait, vous?...

LE CZAR, vivement et se levant.

Jamais!

LA CZARINE.

Eh bien... ces Turcs, que vos Kalmouks appellent des barbares, sont aussi habiles que vous! aussi braves et surtout plus géné- reux! A la vue de l'or, Baltadjy a détourné la tête en rougissant; en écoutant vos arguments politiques, il a souri de pitié! « Cathe- « rine, m'a-t-il dit, vos présents sont des injures; vos raisons, « des chimères! agissez avec plus de franchise! vaincus, implo- « rez ma clémence, et femme... ma générosité... Sorti des rangs « du peuple, comme vous, parvenu au rang suprême, comme « vous!... dès longtemps et de loin, je vous estime et vous ad- « mire! mais vous voyant défendre avec tant de courage et de « dévouement un roi dans le malheur, sa part me paraît la plus « belle et le vainqueur porte envie au vaincu! Dût Charles XII, « que j'attends, m'accabler de sa colère, et mon souverain de sa

« disgrâce, le traité que vous m'offrez... je le signe!... les condi-
« tions que vous me demandez... je vous les accorde à vous... à
« vous seule! et ne vous demande pour toute reconnaissance que
« de laisser tomber sur moi un seul de vos regards!... » Ce
regard... je le lui donnai!

LE CZAR, avec colère.

Ah! plus encore!...

LA CZARINE, froidement.

Peut-être!

LE CZAR.

Vous osez l'avouer aujourd'hui?...

LA CZARINE.

Vous avez osé ne pas le voir alors? votre jalousie qui sommeil-
lait à l'heure du danger s'éveille quand il est passé... et n'ayant
plus de mémoire pour le service, vous en avez encore pour l'ou-
trage.

LE CZAR.

Moi!...

LA CZARINE.

J'ai tout dit! Depuis plus de six ans, depuis le jour où, sur les
bords du Pruth, j'ai sauvé votre empire et votre armée, je n'ai
pas revu le vizir Baltadjy-Mehemet, et depuis qu'il est arrivé,
comme ambassadeur, à Pétersbourg, cette lettre, que je n'ai pas
reçue... cette lettre que vous avez fait intercepter contre tout
droit des gens, est le seul souvenir qu'il m'ait adressé... Prononcez maintenant!...

LE CZAR, rêvant, et passant à droite.

J'attendrai! et je saurai pardonner ou punir... selon que le châtiment ou la clémence...

LA CZARINE, froidement.

Vous sera utile!... (A part.) Peu m'importe, Sapieha est sauvé!
(Elle fait un pas pour sortir.)

LE CZAR, la retenant.

Où allez-vous?... restez!... Voici Jakinski dont nous lirons ensemble les rapports.

LA CZARINE, étonnée.

Je suis donc rentrée en faveur?...

LE CZAR.

Ne m'en remerciez-vous pas?...

LA CZARINE.

Je ne sais... (A part.) Ah! je préférais ma disgrâce... (Elle va s'asseoir à gauche.)

SCÈNE IX.

LA CZARINE, LE CZAR, JAKINSKI, VILLERBECK.

LE CZAR, allant s'asseoir près de la czarine.

Approche, Jakinski...

JAKINSKI, droit et immobile.

Oui, Sire!

LE CZAR.

Et dis-nous avant tout... (Apercevant Villerbeck, qui est entré en même
temps que Jakinski.) Ah! qui t'amène, toi?...

VILLERBECK.

Je venais, comme Sa Majesté me l'avait commandé, lui rendre
compte à son retour... de ma mission...

LE CZAR.

C'est vrai! sur la mer Caspienne?

LA CZARINE, à demi-voix.

La mer Caspienne!... vous la voulez aussi?...

LE CZAR, de même.

Oui!

LA CZARINE.

La Russie est déjà si grande!

LE CZAR.

Vous trouvez? moi, j'y étouffe! Serré comme je le suis, par la
Finlande au nord et la Turquie au midi!... c'est à ne pas res-
pirer!...

VILLERBECK.

Sire...

LE CZAR, à Villerbeck.

Je t'écouterai (Montrant Jakinski.) dès que j'aurai fini avec Jakinski! (a Jakinski.) Tu as là les rapports de ce qui s'est passé en mon absence?...

JAKINSKI, présentant les rapports.

Oui, Sire !

LE CZAR, lisant.

« Les boyards murmurent... et me reprochent ma cruauté!... » Oui, j'ai été barbare, mais contre la barbarie! La raison convient aux lumières, et le despotisme à l'ignorance! (Lisant.) Ah!... « Le « clergé, défenseur de Moscou la sainte, m'appelle impie et de-« mande à quoi bon deux capitales? » Ils ne voient pas qu'avec Moscou je n'étais qu'un roi tartare!... avec Saint-Pétersbourg, je suis un roi d'Europe. (Lisant.) « Ah! l'on me déteste!... »

VILLERBECK.

Ce n'est pas vrai, Majesté !

LE CZAR.

Tais-toi ! je m'en rapporte à Jakinski.

JAKINSKI, droit et immobile.

Oui, Sire!...

VILLERBECK.

Ce n'est pas vrai!

LE CZAR.

Il a raison!... il me dit tout!... (Lisant.) « On me déteste, on « m'exècre aujourd'hui... » Et, par saint Nicolas! que m'importe le présent à moi, qui ne vis que pour l'avenir?... (Lisant.) « Ah! le « chapitre des anecdotes particulières... » A la bonne heure... des intrigues de cour, des aventures galantes, des futilités, du scandale!... Je leur prouverai que Saint-Pétersbourg est aussi une grande ville, et que la civilisation y fait des progrès... (Lisant.) « La nuit dernière... » C'est récent. « un surveillant du palais de « Péteroff est accouru nous avertir qu'il avait aperçu un homme « enveloppé d'un manteau... »

VILLERBECK, effrayé et à part.

Ah! mon Dieu!... c'était moi !

LE CZAR, continuant de lire.

« Se glisser furtivement dans le pavillon du Sud !» (s'arrêtant.) Le pavillon du Sud... c'est l'habitation d'hiver de la czarine et de ses demoiselles d'honneur... Et cet homme ?... (A part.) Si c'était Baltadjy !... (A Jakinski.) Cet homme?... Parle donc? quel est-il? l'as-tu vu?...

JAKINSKI.

Oui!... (se reprenant.) C'est-à-dire... Non, Sire !

LE CZAR, avec colère, se levant.

Tu ne l'as pas vu!! misérable!... à qui je donne deux cent mille roubles par an! tu ne le connais pas? et moi j'entends que tu le connaisses...

JAKINSKI.

Oui, Sire, je le connaîtrai.

LE CZAR.

A la bonne heure !

JAKINSKI.

J'en ai là le moyen !... un moyen certain...

VILLERBECK.

C'est fait de moi! je suis perdu!...

LE CZAR.

Lequel?

VILLERBECK, se jetant aux pieds du czar.

Grâce, Sire, grâce! c'était moi.

LA CZARINE, à part, avec étonnement et joie.

Lui !...

LE CZAR, avec colère.

Toi...

VILLERBECK, hors de lui.

Moi-même!... Hier, un dîner à l'amirauté, où nous avions bu à la santé du czar... si longtemps... qu'à minuit...

LA CZARINE, à Villerbeck.

Oser pénétrer dans ce pavillon?... d'où te venait cette audace?...

VILLERBECK.

Je n'en sais rien, Majesté... la santé du czar m'avait tellement porté à la tête... et le trouble où je suis...

LE CZAR, se tournant du côté de Jakinski et en souriant.

Il boira toujours !

JAKINSKI, souriant.

Oui, Sire!... (*Gravement.*) Votre Majesté ordonne-t-elle la Sibérie?...

LE CZAR, souriant.

Il était ivre!...

JAKINSKI, de même.

Oui, Sire!... (*Gravement.*) Alors le knout.

LE CZAR, avec impatience.

Il était ivre, te dis-je!... je lui pardonne!... (*A la czarine en montrant Jakinski.*) Mais non pas à lui! Comment le palais et l'appartement des dames sont-ils donc gardés, pour qu'on y puisse pénétrer
aussi facilement?

VILLERBECK.

Pas tant, Sire... témoin le poing énergique qui m'a fait descendre l'escalier.

LE CZAR, étonné et fronçant le sourcil.

Comment?...

LA CZARINE, vivement.

Un des gens du palais, sans doute... un moujik...

VILLERBECK, à la czarine.

Un vigoureux gaillard avec lequel j'ai lutté devant la porte du
pavillon, et alors, Majesté...

LA CZARINE, l'interrompant.

Il suffit! va-t'en! (*Avec sévérité.*) Va-t'en!

LE CZAR, avec douceur.

Oui! nous causerons plus tard... (*A Jakinski.*) Et toi, as-tu quelque
chose encore à me dire?...

JAKINSKI.

Oui, Sire... A la porte du pavillon, à l'endroit où probablement
la lutte a eu lieu, on a trouvé ce matin sur la neige cet objet
en or...

VILLERBECK, qui était prêt à partir, revenant sur ses pas.

De l'or!... je déclare d'avance que ce n'est pas à moi!

LE CZAR.

Cela n'appartient cependant pas non plus à un moujik. (*A Jakinski.*) Donnez! (*Regardant.*) Une clef de chambellan...

LA CZARINE, à part.

Grand Dieu !

LE CZAR, à Villerbeck et à Jakinski après un instant de silence.

C'est bien ! laissez-nous. (Jakinski et Villerbeck sortent par le fond ; la czarine passe à droite.)

SCÈNE X.

LE CZAR, LA CZARINE.

LE CZAR, à la czarine.

C'est un de mes chambellans qui, hier soir, en grand costume et après la fête sans doute, s'est permis cette promenade nocturne et cette rencontre avec Villerbeck ? Il faut sans bruit, sans éclat, savoir qui ce peut être, et lui parler sévèrement. Dès qu'il s'agit de vos demoiselles d'honneur, cela vous regarde... c'est vous-même que cela touche, et quel que soit le coupable...

SCÈNE XI.

SAPIEHA, LE CZAR, LA CZARINE, UN HUISSIER.

UN HUISSIER.

Monsieur le comte Sapieha.

LE CZAR.

Le fils du général... si dangereusement blessé... Je lui destinais une récompense... que je serai charmé de lui envoyer par son fils... (A Sapieha qui s'incline.) Vous prendrez à la chancellerie un paquet cacheté que vous porterez aujourd'hui même au général.

LA CZARINE, avec émotion.

D'après les ordres du prince chancelier, je croyais monsieur le comte... absent...

SAPIEHA.

Le devoir me retenait ici, Madame ! j'avais à soumettre à Votre Majesté la composition du concert de ce soir... Et comme votre chambellan...

LE CZAR, vivement.

En effet!... monsieur de Sapieha est un de vos chambellans, le dernier nommé par moi!... Il a fait ses premières armes à la cour de France, et je ne m'étonne pas des succès qu'il obtient dans le Nord. (A demi-voix en souriant à la czarine.) Je crois même que nous n'aurons pas besoin de chercher plus loin le héros dont nous étions en peine. Approchez, monsieur!... (Le czar prend Sapieha à part et lui dit à voix basse :) Vous étiez la nuit dernière dans le pavillon du jardin... où vous vous êtes rencontré avec Villerbeck. Nous savons tout par lui!... D'ailleurs, ces insignes, qui sont les vôtres, (Lui montrant la clef.) et où je vois gravés votre chiffre et l'aigle de Pologne, auraient dissipé tous mes doutes s'il avait pu m'en rester !

SAPIEHA.

Quoi, Sire! Votre Majesté pourrait supposer...

LE CZAR.

Je ne me fâche pas!... vous le voyez! En fait de galanteries, je suis bon prince... (sévèrement.) mais en tout, et toujours, j'ai aimé à savoir ce qui se passait chez moi! (En souriant.) Pour qui veniez-vous ?

SAPIEHA, interdit.

Sire!...

LE CZAR, de même.

Était-ce pour la princesse Lapukin ou pour la comtesse Bestutt-cheff, dont on m'a déjà parlé?...

SAPIEHA.

Quelle idée!...

LE CZAR.

C'est juste!... elles n'habitent pas au palais... Mais alors, pour qui donc? répondez!...

SAPIEHA.

Votre Majesté ne peut m'en vouloir de mon silence, dès qu'il s'agit de l'honneur d'une dame...

LE CZAR.

Supposez-vous donc que je ne saurais pas le garder, et que les secrets d'État ne sont pas en sûreté avec nous? La czarine vous dira que vous pouvez parler sans crainte.

SAPIEHA.

Jamais ! l'honneur me le défend !

LE CZAR.

Et moi, je vous l'ordonne !... Ici, Monsieur, le premier devoir
est d'obéir au souverain... il y va de la tête !

LA CZARINE, qui a écouté jusque-là avec angoisse.

O ciel !...

LE CZAR.

Et une plus longue résistance me ferait supposer...

SAPIEHA.

Quoi donc ?...

LE CZAR.

Qu'il y a pour me dérober ce secret des raisons que je tiens
maintenant à savoir... (Avec force.) Et que je saurai ! (Il remonte.)

SAPIEHA, le suivant.

Mais, Sire...

LE CZAR, appelant à droite.

A moi, quelqu'un ! (Se retournant a gauche.) Eh bien ! viendra-t-on ?
(Voyant entrer Olga et les dames.) Ah ! enfin !

SCÈNE XII.

LES PRÉCÉDENTS, OLGA, TOUTES LES DAMES
DE LA COUR entrant par la gauche, DES SEIGNEURS DE LA COUR
par la droite.

OLGA, effrayée.

Le czar !... eh mon Dieu, qu'y a-t-il ?...

LE CZAR, s'adressant aux femmes de la czarine, et allant vers elles.

Quelles sont les demoiselles d'honneur qui habitent dans le
pavillon du Sud, près de la czarine ?

OLGA.

Moi, Sire.

LE CZAR.

Et les autres ?

OLGA, naïvement.

Pas d'autres.

LE CZAR, étonné.

Vous seule!... princesse Menzikoff...

SAPIEHA, vivement au czar, à voix basse et avec effroi.

Sire, au nom du ciel! Votre Majesté m'a promis le silence!...
Une jeune fille qui ne payait mon amour que d'indifférence...

LE CZAR, avec ironie.

C'est bien invraisemblable!

SAPIEHA.

Et dans mon désespoir, dans ma folie... j'ai osé, à son insu,
pénétrer dans ce pavillon... pour elle...

LE CZAR, regardant du côté de la czarine.

Pour elle?

LA CZARINE, voyant le czar qui la regarde.

Qu'avez-vous donc, Sire?

LE CZAR, s'approchant d'elle lentement et après un instant de silence.

Je fais une remarque... c'est que monsieur Sapieha est bien
ému.

LA CZARINE, essayant de sourire.

C'est facile à comprendre!...

LE CZAR.

Et que la personne la plus calme de nous (Regardant Olga.) est
celle qui devrait l'être le moins! Approchez, ma fille; j'avais promis au prince, votre père, qu'aussitôt votre présentation à la
cour je m'occuperais de vous marier...

OLGA, tristement.

Rien ne presse, Sire!

LE CZAR, la regardant, ainsi que Sapieha et la czarine.

Je pense le contraire! Vous épouserez, ce soir... dans la chapelle du palais, le comte Sapieha.

OLGA, avec joie.

Moi!...

LA CZARINE, avec douleur.

Lui! grand Dieu!...

SAPIEHA, stupéfait.

Qu'entends-je?

LA CZARINE.

Mais, Sire!...

LE CZAR, sévèrement

Ce sera!

LA CZARINE.

Mais cependant...

LE CZAR, à la czarine.

Y trouvez-vous quelque objection?...

LA CZARINE.

Moi, Sire... aucune... Mais cette jeune fille, peut-être...

LE CZAR.

Qu'a-t-elle à dire?

OLGA, baissant les yeux.

Que je serais heureuse de me soumettre à la volonté de Votre Majesté; mais jamais... je le sais... (voyant Menzikoff qui entre par le fond.) Jamais mon père ne consentira...

LE CZAR.

C'est ce que nous verrons!

SCÈNE XIII.

LES PRÉCÉDENTS, MENZIKOFF.

LE CZAR, faisant signe à Menzikoff d'avancer près de lui, et lui parlant à demi-voix.

Prince... j'ai depuis longtemps idée que votre dévouement cache de secrètes et sourdes trahisons... que je sens... que je devine...

MENZIKOFF.

Et quelle preuve?...

LE CZAR, avec colère.

La preuve... c'est qu'aujourd'hui même je devais punir..... Je ferai grâce encore!... je ferai plus! je comblerai de nouveaux honneurs, toi, ta fille et ton gendre...

MENZIKOFF.

Mon gendre, Sire!...

LE CZAR.

Le gendre que j'ai choisi. et que tu accepteras à l'instant!...
Sinon, pour toi et tous les tiens... la Sibérie!...

MENZIKOFF, avec une colère concentrée.

Marier ma fille... et à qui donc ?

LE CZAR.

Au comte Sapicha ! (Menzikoff regarde la czarine et Sapicha.) J'attends,
Monsieur.

MENZIKOFF lève les yeux et voit sa fille qui le regarde d'un air suppliant.

Je consens...

LE CZAR à Menzikoff.

C'est bien ! (S'approchant de Sapicha.) Vous voyez qu'on a raison de
se fier à moi! je récompense celui qui me dit la vérité... (Le regardant ainsi que Menzikoff.) comme je frappe sans pitié tous ceux qui me
trompent... (Lui montrant Olga qui est à gauche du théâtre et qu'il va chercher.)
Comte Sapicha, voici votre femme!...

SAPIEHA, qui est près de la czarine, à droite.

Ma femme!... jamais!...

LA CZARINE, à demi-voix.

Obéissez, ou vous êtes perdu !

SAPIEHA.

Peu m'importe !

LA CZARINE, avec effroi.

Ou je le suis !

> (En ce moment le czar revient avec Olga qu'il présente à Sapicha. Celui-
> ci, après avoir un instant hésité et sur un nouveau regard de la czarine,
> offre la main à Olga et sort par le fond avec elle, suivi de Menzikoff et de
> ses parents. Le czar est placé à droite près de la czarine qu'il regarde et
> qui est assise. La toile tombe.)

FIN DU DEUXIÈME ACTE.

ACTE TROISIÈME

Un salon dans le goût oriental dans le palais de Menzikoff. Trois portes au fond, une dans chaque angle et deux latérales. Au fond, un jardin en serres chaudes. A gauche, une grande table avec une carte géographique étalée dessus. A droite, une petite table et un fauteuil.

SCÈNE PREMIÈRE.

MENZIKOFF, seul, entrant du fond à gauche.

Mon enfant! mon enfant sacrifiée!... car, même en la donnant à celui qu'elle aimait, j'ai signé son malheur et sa honte!... Mais un refus nous envoyait tous en Sibérie! Hier déjà, sans raison aucune, et dans la naïveté de son despotisme, le czar m'y avait condamné!... destinée qui m'attend tôt ou tard!... Adieu alors mon beau palais, et vous, dômes de verdure, parc entier que j'ai élevé en serre chaude, il me faudra vous quitter pour les frimas de Tobolsk... soit! Mais ma fille que j'ai élevée comme vous, mes fleurs, je la verrais succomber sous un souffle glacé!... Non, non, plutôt mourir!... (se promenant.) Le jour où l'on tombe n'est rien. On trouve du courage contre un malheur accompli! C'est la veille de la chute qui est terrible! Et vivre toujours à la veille! et frémir sans cesse pour soi ou pour les siens... (se retournant.) Ah! c'est mon gendre!... ce fils imposé à ma tendresse par rescrit impérial!

SCÈNE II.

SAPIEHA, entrant par le fond à gauche; MENZIKOFF.

SAPIEHA, s'approchant de Menzikoff.

Je vous trouve seul, mon prince; j'en suis heureux, car j'ai à vous parler. Si je me suis incliné hier sous un joug de fer, si j'ai obéi, non pour moi, mais pour celle dont mon refus faisait tom-

ber la couronne et la tête... c'est que j'ai pensé, comme vous
sans doute, qu'une union formée par la contrainte était nulle devant Dieu et devant les hommes.

MENZIKOFF.

Que dites-vous ?

SAPIEHA.

Que moi, gentilhomme sans fortune, je n'ai aucun droit à votre
alliance et à vos richesses... Votre fille qui m'épouse par ordre
ne m'aime pas, ne peut pas m'aimer... Ce mariage, je le sens,
doit lui être odieux ! Peut-être même avait-elle déjà fait un choix...
J'ai compris tout cela... Et loin d'abuser de la position que le
hasard m'a faite, je viens vous déclarer que dès que ce mariage
pourra se rompre, mon consentement vous est acquis à vous et à
ma fiancée ! D'ici là, Monseigneur, et tant que j'aurai l'honneur
d'être votre gendre, je vous promets, comme je l'ai promis à la
czarine, d'aimer et de respecter votre fille comme une sœur... Je
vous le jure, et dès hier déjà, en sortant de la chapelle, j'ai quitté
ce palais où je ne suis qu'un étranger !... Si j'y rentre ce matin,
c'est dans la crainte des remarques que mon absence pourrait
faire naître, et pour ne pas réveiller la défiance du czar, qui, dans
ce moment, grâce au ciel, n'a plus de soupçons.

MENZIKOFF.

Erreur, monsieur ! le czar en a toujours ! Violent, emporté et
en même temps adroit et fourbe, il ne reculera devant aucun
moyen pour arriver à la vérité qu'il poursuit. Il suffit qu'il ait eu
un doute sur la czarine et sur vous, pour que sa défiance plane
sur votre vie entière, vous surveille, vous épie et vous frappe, au
moment où vous croirez sa vengeance endormie à jamais.

SAPIEHA.

Eh ! morbleu... un pareil supplice... (Il remonte au fond du théâtre.)

MENZIKOFF.

Ah ! je vous en avais prévenu, monsieur ! les conquêtes coûtent
cher !...

SCÈNE III.

SAPIEHA, MENZIKOFF, OLGA, sortant de la porte latérale
à droite.

OLGA, courant à Menzikoff sans voir Sapieha.

Bonjour, mon père !... Qu'il y a longtemps que je ne vous ai vu !
Mais depuis hier, c'est comme un fait exprès .. la czarine, qui
voulait toujours m'avoir près d'elle, et mes compagnes qui ne me
quittaient pas et qui, fidèles à nos usages, ont accompagné la mariée jusque chez elle... pas un moment seule avec vous, et impossible de vous dire combien j'étais touchée et reconnaissante de vos
bontés... c'était si bien à vous d'avoir consenti à ce mariage...
qui faisait mon bonheur...

SAPIEHA, descendant vivement à droite.

Comment?

OLGA, effrayée.

O ciel!... vous, monsieur!... Ah! que c'est traître! Qui pouvait
vous soupçonner là...

SAPIEHA.

Pardon!... pardon, mademoiselle... Mais vous disiez tout à
l'heure...

OLGA.

Si je l'ai dit, tant pis!... Je ne peux pas le rétracter... Ne m'en
veuillez pas, monsieur; mais ce qui arrive aujourd'hui est si singulier... si étonnant...Qui me l'aurait prédit il y a quinze jours?...
quand je racontais à mon père irrité notre aventure de la Néva...
quand je lui parlais de mon libérateur... quand j'excitais sa colère
en lui avouant que, malgré moi, je pensais à lui!...

SAPIEHA.

Se peut-il ?

MENZIKOFF, bas à Olga.

Tais-toi !

OLGA.

Et pourquoi donc?... A son mari... on peut tout dire... d'autant
qu'alors ce mariage me semblait impossible... (A Sapieha.) Vous

d'abord, monsieur... vous ne faisiez aucune attention à moi...
vous me regardiez à peine... et même pas du tout!... C'est le czar
qui m'a appris que vous m'aimiez... Je ne m'en serais pas aperçue
sans lui... Mais dès que le czar le dit... j'ai dû le croire, sans
compter qu'il ajoutait d'un air fin : « Qu'il en avait des preuves!...
des preuves acquises par lui-même!... » Quel grand homme! comme
il s'occupe de tout !

MENZIKOFF, avec impatience.

C'est bien! c'est bien!... et puisque enfin ce mariage est fait...

OLGA.

Ce n'est pas votre faute! car vous aussi me disiez hier encore :
Pour ton bonheur, ma fille, jamais je n'y consentirai... jamais!
(Souriant.) Et pourtant vous avez consenti... non sans peine, j'en
conviens! (Se retournant vers Sapieha.) C'est pour cela que je lui en
sais tant de gré.

SAPIEHA.

Quoi! ce que je viens d'apprendre? (Voyant entrer Villerbeck.) Allons,
Villerbeck.

SCÈNE IV.

MENZIKOFF, VILLERBECK, OLGA, SAPIEHA.

MENZIKOFF.

Vous, amiral? qui vous amène en mon palais?

VILLERBECK.

Le czar!... que je précède.

MENZIKOFF.

Le czar!...

VILLERBECK.

Il est là, avec Jakinski. (Montrant la gauche.)

MENZIKOFF.

Chez moi!...

VILLERBECK.

Je venais enfin, et non sans peine, de lui faire mon rapport sur
la mer Caspienne, rapport qui avait amené une discussion à
laquelle Jakinski ne pouvait répondre... ni moi non plus... alors

il s'est écrié avec impatience : Le premier ministre?... prévenez-
le!... non!... courons chez lui... Et il arrive.

MENZIKOFF, vivement.

Comme autrefois.

OLGA.

Pour travailler avec vous...

VILLERBECK.

Et il vous attend dans votre cabinet où il s'est déjà mis à grif-
fonner.

OLGA, à Menzikoff.

Vous voilà revenu en faveur!

VILLERBECK, à Olga.

Et moi aussi!!... il me donne le commandement de Cronstadt!
C'est un grand prince!

OLGA.

Précisément ce que je disais tout à l'heure.

VILLERBECK.

Oui, mais il ne faut pas le faire attendre... venez!...

MENZIKOFF.

Vous avez raison. (Ils sortent par la porte de l'angle de gauche.)

SCÈNE V.

SAPIEHA, qui pendant la scène précédente est remonté dans la serre au fond,
en redescend en ce moment; OLGA se mettant, près de la table à droite,
à broder.

SAPIEHA, debout à gauche et à part.

Je voulais, comme à son père, tout lui avouer... c'était franc
et loyal... cela me semblait facile... et maintenant... et depuis ce
qu'elle vient de m'apprendre... ce n'est plus aisé... cela me coûte!
cela ressemble à une trahison! Pauvre enfant!...

OLGA, levant les yeux.

Comme vous me regardez, monsieur?

SAPIEHA.

Ah! c'est que je ne vous avais pas encore vue comme en ce
moment.

OLGA.

Et il me semble, moi, lire dans vos yeux de l'inquiétude, de la crainte! Je comprends!... (*souriant.*) vous avez peur de moi... c'est tout simple!... vous ne me connaissez pas! tandis que moi... c'est différent!

SAPIEHA, *vivement.*

Vous me connaissez?

OLGA.

Beaucoup! il me suffisait pour cela d'écouter!... car ces dames parlaient de vous toute la journée!

SAPIEHA, *s'approchant du fauteuil où Olga est assise.*

Ah!... était-ce en bien?

OLGA.

Oui! c'est-à-dire en mal! elles disaient que vous étiez léger, inconstant... aimant toutes les femmes... et, bien pis!... aimé d'elles!... aussi tous nos jeunes seigneurs vous portaient envie!... et moi je vous plaignais! (*Elle se lève.*)

SAPIEHA.

Comment cela?

OLGA.

Je me disais : un gentilhomme tel que lui et d'un mérite si élevé, a autre chose à faire que d'être un élégant et un homme à la mode; ce n'est pas par le nombre des conquêtes que l'on est heureux! voyez plutôt notre empereur! mais comme en même temps, on ajoutait que vous étiez bon, généreux, que vous aviez de l'esprit, du jugement et surtout un excellent cœur... je me disais : l'erreur ne peut durer!... et pour qu'il ouvre les yeux, il lui suffira d'éprouver une affection véritable!... C'était là, il est vrai, le difficile!... mais d'après ce que m'a dit le czar... j'ai de l'espoir...

SAPIEHA.

En vérité!

OLGA.

L'espoir de vous changer!... j'y tâcherai, du moins, et cela ne m'effraie pas! Je vois votre étonnement; vous me croyez bien futile, bien jeune, détrompez-vous! on mûrit vite en ce palais : témoin intime des prospérités de mon père, j'ai passé ma jeunesse à le consoler de ses grandeurs, dont je ne voyais que les chagrins! Aussi, que d'autres nous envient le pouvoir, la richesse, l'éclat au dehors, pour moi la vie d'intérieur et de famille, le bonheur au logis m'a toujours semblé le plus doux des rêves et le premier des biens! (Se tournant vers Sapieha.) Vous le verrez!

SAPIEHA.

Olga! vous aviez raison! je ne vous connaissais pas! et croyez bien... (Avec embarras.) croyez... quoi qu'il arrive... que là, au fond du cœur... je conserverai toujours, pour vous, respect et admiration, et, si vous me le permettez, le dévouement le plus vrai... l'amitié la plus vive et la plus tendre...

OLGA, souriant.

Eh! mais... j'y compte bien! vous le devez, monsieur, sous peine d'être ingrat!

SAPIEHA, poussant un cri.

Olga! (On entend sonner une heure.) Ah! mon Dieu!...

OLGA.

Qu'avez-vous donc?

SAPIEHA.

Je pars.

OLGA.

Déjà!

SAPIEHA.

Depuis une demi-heure je devrais être près de la czarine... ma place de chambellan, mon devoir m'y obligent; je l'avais oublié.

OLGA, vivement.

Vrai? Eh bien! le grand mal!... et moi aussi je dois tantôt assister à sa réception comme dame d'honneur!

SAPIEHA.

Vous!... c'est bien différent!... Que va-t-elle penser?... (Il passe à droite en remontant.)

OLGA.

La vérité!... que vous étiez à causer avec votre femme et que vous avez oublié la czarine!... Oh! je le lui dirai.

SAPIEHA, avec effroi.

Non! non! gardez-vous-en bien...

4.

Oh ! comme vous avez peur !... vous voilà comme mon père, peur de perdre votre place... moi, je dirais tant mieux !... (D'un air boudeur.) Adieu, Monsieur.

SAPIEHA.

Adieu ! Olga, à bientôt. (Il sort vivement par le fond à droite.)

SCÈNE VI.

OLGA, seule.

Les inconvénients de l'ambition !... au lieu de rester chez soi, près de sa femme... obligé d'aller à la cour et d'interrompre une conversation qui devenait très-intéressante !... (Écoutant.) Ah ! mon Dieu ! quel bruit dans le cabinet de mon père où l'on tient conseil !... un conseil... qui a l'air d'une dispute ! (Elle sort par la porte latérale de droite au moment où entre le czar.)

SCÈNE VII.

MENZIKOFF, LE CZAR, JAKINSKI, sortant de la porte de l'angle de gauche.

LE CZAR, en dehors.

Je ne me mets pas en colère (Entrant en scène.) mais va-t'en au diable !... Dès que ce Villerbeck n'est plus sur son vaisseau, il ne comprend rien et ne sert à rien dans le conseil ! (A Jakinski.) Mais toi ! réponds : Qui de nous deux a tort ? quel est ton avis ?

JAKINSKI, droit et immobile.

Oui, Sire.

LE CZAR.

C'est juste ! sa réponse ordinaire !... (A Jakinski.) Préviens la cza-rine et amène-la. (Jakinski sort.) Je m'en rapporterai à elle, (A Menzikoff.) elle prononcera entre nous. (S'asseyant devant la table à gauche.) Ce ne sera pas la première fois, et elle décidera...

MENZIKOFF.

Que j'ai raison.

LE CZAR.

Que tu as tort.

MENZIKOFF.

Non, Sire. Méditer une guerre en Asie... dans la Perse...

LE CZAR.

Oui !

MENZIKOFF.

A l'extrémité de l'empire.

LE CZAR.

Oui !

MENZIKOFF.

Pour s'agrandir de ce côté-là!... A quoi bon? je vous le demande...

LE CZAR.

Je vais te le dire : tout le monde ici, et toi tout le premier, se
méprend sur les véritables intérêts de la Russie... ce n'est pas la
terre qui lui manque, elle n'en a que trop, c'est la mer qu'elle
doit chercher à conquérir !

MENZIKOFF.

La mer!... qu'en avons-nous besoin, nous autres soldats.

LE CZAR.

Bien ! tu raisonnes en soldat et moi en empereur ! Comment,
sans commerce, civiliser un peuple barbare? et comment le rendre
commerçant si la mer lui est fermée? Aussi, me raidissant contre
tous les obstacles, j'ai élevé à l'entrée de la Baltique cette
capitale que ses flots menacent d'engloutir ! pourquoi? non-seu-
lement pour commander aux golfes de Finlande et de Bothnie,
mais pour que mes sujets devinssent pilotes et matelots! et si je
n'ai jeté aucun pont sur la Néva, si les boyards et les bourgeois de
Saint-Pétersbourg sont obligés de traverser un fleuve dangereux
en barques ou en chaloupes, c'est que j'ai voulu, malgré eux, les
habituer à la rame ou à la voile.

MENZIKOFF, haussant les épaules.

Et s'ils se noient?

LE CZAR.

S'ils se noient?

MENZIKOFF.

Oui.

LE CZAR.

Ça m'est égal! pourvu qu'ils deviennent marins. (Frappant avec sa canne sur la table.) Et par le sang des Romanoffs... ils le deviendront!

OLGA, effrayée et rentrant.

Ah mon Dieu! mon père!...

LE CZAR, l'apercevant et allant à elle.

Ah! votre fille! notre nouvelle mariée!

OLGA.

Qui entendait de l'appartement voisin...

LE CZAR.

Une discussion avec votre père... qui est un entêté...

MENZIKOFF, murmurant entre ses dents.

Je ne suis pas le seul...

LE CZAR.

Mais je le battrai aujourd'hui... comme je l'ai battu hier à l'occasion de votre mariage... (Regardant Olga en souriant.) Eh bien, comtesse Sapieha, que dites-vous du mari que vous me devez? un aimable gentilhomme n'est-il pas vrai?

OLGA.

Oui, Sire!

LE CZAR.

J'ai bien fait d'ordonner votre bonheur... en maître absolu!

OLGA.

Oui, Sire!

LE CZAR, souriant.

L'absolutisme a du bon!... car maintenant, nous pouvons en convenir, la circonstance était grave!

OLGA, naïvement.

Comment cela?...

LE CZAR, avec bonhomie.

Vous vous trouviez un peu compromise, si notre volonté toute-puissante n'eût jeté un voile sur votre imprudence.

OLGA, de même

Que veut dire Votre Majesté?

LE CZAR.

Il suffit! vous devez me comprendre.

OLGA.

Mais non vraiment!

LE CZAR, à demi-voix.

Quoi!... accorder au comte Sapieha .. une entrevue... la nuit...

OLGA, avec indignation.

Jamais!

MENZIKOFF, de même.

Une pareille calomnie!

LE CZAR.

Calomnie!... quand on l'a surpris dans le pavillon du Sud!... quand lui-même est convenu...

OLGA, vivement.

De quoi?...

LE CZAR.

Me soutiendriez-vous, comme lui, qu'il y était à votre insu!

OLGA, hardiment.

Oui, Sire!

LE CZAR.

Que vous ignoriez la présence de ce brillant cavalier qui vous aimait, qui vous adorait et dont vos rigueurs repoussaient les vœux.

OLGA, avec dignité.

J'ignore qui a pu débiter de pareilles fables à Votre Majesté, mais jamais... avant d'avoir le droit de me le dire, monsieur le comte Sapieha ne m'a avoué qu'il m'aimait.

LE CZAR, vivement.

Il serait possible?

OLGA.

Je vous l'atteste, Sire! (A Menzikoff qui lui fait signe de se taire.) Eh oui, mon père, c'est la vérité!

LE CZAR, froidement et après un instant de silence.

A la bonne heure!... Il y a tantôt réception!... je ne vous empêche pas, madame la comtesse, de vous occuper de votre toilette. (Olga salue et sort par la porte de droite.)

SCÈNE VIII.

MENZIKOFF, LE CZAR.

LE CZAR, à part.

Voilà qui est singulier!... Sapieha me tromper!... dans quel but?...

MENZIKOFF, à part, l'observant.

Le soupçon s'éveille!.. et tout est perdu, si la Perse ne fait pas diversion! (s'asseyant au bout de la table à gauche, et à voix haute.) Votre Majesté a beau dire!... plus je regarde sur cette carte...

LE CZAR, avec impatience.

Eh bien?...

MENZIKOFF.

Et moins je vois pour nous quel avantage immédiat...

LE CZAR, vivement.

Quel avantage!... (A part.) Et si en réalité il n'aime pas cette jeune fille...

MENZIKOFF, regardant toujours la carte.

Quand nous régnerions sur la mer Caspienne... où cela nous mènerait-il?...

LE CZAR, avec impatience et chaleur.

Où cela nous mènerait?... mais à travers la Caspienne, à travers la petite et la grande Bukarie... Ne pouvons-nous pas essayer un jour de nous ouvrir le commerce de l'Inde... et puis... (A part.) Et puis... s'il ne l'aimait pas éperdument comme il le prétendait... pourquoi la nuit cette tentative audacieuse... dont il est convenu lui-même.

MENZIKOFF, regardant toujours la carte et le czar.

Et quand Votre Majesté aurait raison...

LE CZAR, vivement.

Quand j'aurais raison...

MENZIKOFF.

Nous avons mieux que cela! Les Indes sont bien loin... la Pologne est bien près!

LE CZAR, s'avançant vers la table.

La Pologne !

MENZIKOFF.

Oui, Sire, il ne tient qu'à nous de nous en emparer ; car, à l'occasion du Holstein, on nous attaque, grâce au ciel ! Une occasion superbe et légitime, ce qui est rare !

LE CZAR, regardant sur la carte.

La Pologne ?... C'est à y penser.

MENZIKOFF, vivement.

N'est-ce pas ?

LE CZAR.

Car enfin... il y a un fait... un fait évident... c'est que... c'est que... (s'éloignant de la table et à part.) C'est qu'il était cette nuit dans le pavillon du parc... Et si ce n'était pas pour elle... pour qui donc ?

MENZIKOFF, suivant son idée.

Je la prendrais !

LE CZAR, de même, à part.

Pour qui ?

MENZIKOFF, froidement.

Pour nous !

LE CZAR, de même.

Quoi ?

MENZIKOFF.

La Pologne.

LE CZAR, avec impatience. .

Il ne s'agit pas de cela... Plus tard, je ne dis pas... mais pas encore !

SCÈNE IX.

MENZIKOFF, puis LA CZARINE paraissant au fond suivie de deux de ses femmes auxquelles elle fait signe de s'éloigner, JAKINSKI, LE CZAR, sur le devant du théâtre et toujours réfléchissant.

JAKINSKI.

La czarine !...

MENZIKOFF, allant à la czarine.

Sa Majesté peut seule nous mettre d'accord! (Avec intention.) Car il s'agit ici d'une question grave...

LA CZARINE, s'adressant au czar.

Et vous me faites l'honneur, comme autrefois, de m'appeler au conseil?

LE CZAR, rêvant.

Oui. — (s'avançant d'un air préoccupé vers la czarine.) Croiriez-vous que cette jeune fille... pour qui le comte Sapieha risquait les escalades et courait la nuit les grandes aventures...

LA CZARINE, souriant..

C'est à ce sujet que vous me consultez?

LE CZAR.

Que cette jeune fille prétend que jamais le comte ne lui avait parlé de son amour. C'est bizarre... n'est-ce pas?.... Et qu'en pensez-vous?...

LA CZARINE, souriant.

Je pense... que Votre Majesté pourrait s'inquiéter de sujets plus importants... et que celui-ci mérite peu son attention.

LE CZAR.

Tout ce qui est problème à résoudre... me préoccupe... et j'en cherche malgré moi la solution... Jakinski... au nombre des amis à moi, que je t'ai ordonné de surveiller, tu inscriras le comte Sapieha, et tu continueras, comme je te l'avais dit hier, à me rendre compte de toutes ses actions!

JAKINSKI, à gauche du czar.

Oui, Sire... Hier d'abord, il s'est marié!

LE CZAR.

Je le sais.. Et par mon ordre... à celle qu'il adorait! (Il va près de la czarine.)

JAKINSKI.

Oui, Sire! Mais en sortant de la chapelle, et après avoir reconduit jusqu'ici sa jeune épouse...

LE CZAR.

Eh bien?...

JAKINSKI.

Il est sorti du palais... et n'y est rentré que ce matin.

LA CZARINE, à la droite du czar à part, avec joie.

Ah!...

LE CZAR, regardant Menzikoff.

Voilà qui est plus singulier encore! Avec l'amour passionné et délirant... qu'il disait éprouver, comment une pareille conduite peut-elle s'expliquer?

LA CZARINE, vivement et venant en aide à Menzikoff.

D'une façon toute naturelle! Je crois me rappeler qu'hier matin vous l'avez chargé, devant moi, de prendre à la chancellerie un paquet cacheté, et de le porter le soir même à son père, le général Sapieha...

MENZIKOFF, à gauche du czar.

Dont le corps d'armée est à quinze lieues d'ici.

LA CZARINE, d'une manière affirmative.

Vous le lui avez ordonné... expressément... j'en suis maintenant certaine.

LE CZAR, avec impatience.

C'est vrai!... mais c'était avant qu'il fût question de ce mariage.

MENZIKOFF.

L'ordre n'en subsistait pas moins...

LA CZARINE.

Et il savait, comme tout le monde, qu'il faut avant tout et sans réplique obéir à un ordre du czar.

LE CZAR.

Et cet ordre... je l'aurais révoqué... hier soir, s'il me l'avait demandé, à moi ou à ses protecteurs... (Regardant la czarine.) car il en a beaucoup! Et enfin...

LA CZARINE, avec impatience.

Enfin, vous ne pouvez lui faire un crime d'avoir, dans l'excès de son zèle, tout sacrifié...

MENZIKOFF, froidement.

Pour le service de Votre Majesté.

LE CZAR, avec impatience et une colère qu'il cherche à réprimer.

C'est bien... (se promenant avec agitation.) Rien à dire .. c'est vrai...
Et cependant... (Il se promène encore.) Jakinski?

JAKINSKI, s'avançant.

Sire!...

LE CZAR, après un instant de silence.

Je te parlerai... ailleurs... va-t'en!

JAKINSKI.

Oui. Sire. (Il salue et sort.)

LE CZAR, continuant à rêver

Et vous... prince ?

MENZIKOFF.

Que désire Votre Majesté?...

LE CZAR, de même.

Ce que je désire.. (vivement.) Ah! Villerbeck! (s'adressant à Menzikoff.) Qu'on le fasse revenir... Allez, allez donc... je veux lui
parler.

MENZIKOFF.

S'il est à jeun, Sire... mais s'il ne l'est pas?...

LE CZAR.

Raison de plus! (Menzikoff salue et sort par le fond.) C'est dans ces mo-
ments-là qu'on dit la vérité... et en l'interrogeant sur tous les
détails, il est possible que... (A la czarine.) Adieu!... (Il sort par le fond
en rêvant.)

SCÈNE X.

LA CZARINE, seule, regardant sortir le czar.

Un instinct défiant le tient en éveil et le guide!... Il ne sait
rien, mais il est sur la trace... un mot, un regard nous perdrait!...
Moi, peu importe!... Mais lui?... Là est maintenant ma vie, et
tant qu'il m'aimera... me perdre, pour le défendre, est encore
un bonheur!...

SCÈNE XI.

LA CZARINE, OLGA.

OLGA, entrant par la droite en robe de cour.

Quel honneur pour nous de recevoir en ce palais notre souveraine!

LA CZARINE.

Votre amie!... (*La regardant.*) Vous voilà bien belle, mon enfant?...

OLGA.

Me voilà prête de bonne heure pour la réception ; une femme moscovite ne doit jamais, dit-on, faire attendre son mari.

LA CZARINE, souriant.

Oh ! je ne pense pas que le vôtre vous gronderait.

OLGA.

Ni moi non plus!... il a l'air si bon!...

LA CZARINE.

Vous trouvez?...

OLGA.

Je le suppose!... car excepté ce matin... où j'ai eu un instant de conversation avec lui et mon père... je l'ai à peine vu!... Hier, en sortant de l'église... il nous a quittés...

LA CZARINE.

Je le sais... un message... un ordre exprès du czar, lui prescrivait de partir à l'instant même.

OLGA, respirant et souriant.

C'est donc cela! Je me disais aussi... car ce mariage s'est fait d'une manière si brusque, si effrayante, qu'on n'a pas eu le temps de se reconnaître... Et puis, ce matin, son service qui l'appelait... à la cour, près de Votre Majesté... il m'a quittée et vite!... et vite!...

LA CZARINE.

En vérité!

OLGA.

Aussi... j'attendais son retour avec une impatience...

LA CZARINE.

Et pourquoi?...

OLGA.

Parce que... le czar venait de me tenir des discours très-singuliers... que je ne comprenais pas... de pavillon du jardin .. d'entrevue accordée par moi...

LA CZARINE, l'interrompant vivement.

C'est bien!... Et lui?...

OLGA.

Il m'a rassurée... ce n'était rien... une erreur... un quiproquo de l'amiral Villerbeck... J'ai à peine écouté, parce que dans ce moment-là il me regardait d'un air si respectueux... si soumis... et pourtant si bon... que j'en étais tout émue!

LA CZARINE, avec inquiétude.

Ah!...

OLGA.

Et lorsque mes femmes sont entrées pour ma toilette, il voulait se retirer... C'est ma gouvernante qui lui a dit : « Restez donc, « monsieur le comte, un mari a ce droit... » et, malgré cela, il a encore hésité un instant.

LA CZARINE, avec jalousie.

Mais il est resté?...

OLGA, joyeusement.

Il est resté!... il s'est assis près de moi... pendant que mes femmes me faisaient belle!... et de temps à autre, d'un air aimable et galant, il m'adressait des phrases... gracieuses... des riens... mais c'était charmant... et quand ma gouvernante, qui me flatte toujours, s'est écriée : Regardez donc, monsieur le comte, comme votre femme est jolie!...

LA CZARINE.

Qu'a-t-il répondu?...

OLGA.

Pas un mot!... mais il avait l'air d'être de son avis! ce qui m'a fait plaisir!... et puis, quand j'ai été habillée, il m'a demandé la permission d'attacher là mon bouquet... je ne pouvais guère le refuser... (s'arrêtant.) Mais pardon, madame, je raconte là à Votre Majesté des détails bien insignifiants...

LA CZARINE.

Non, non, regardez-moi comme votre amie ! Confiance tout
entière ! dites-moi tout ce qui vous regarde... car ce qui vous
intéresse... m'intéresse aussi... plus que je ne peux vous le dire.

OLGA.

Ah ! que Votre Majesté est bonne !... Eh bien donc, pendant
qu'il attachait ce bouquet... sa main tremblait... moi je venais,
pour le remercier, de lui faire une belle révérence, lorsqu'au lieu
de s'en aller, il s'est rapproché de moi... puis tout à coup... et
sans rien me dire... il m'a pressée contre son cœur... et m'a embrassée !

LA CZARINE.

Il vous a embrassée ?...

OLGA.

Bien fort ! et s'est enfui !

LA CZARINE.

Lui !... il serait vrai !...

OLGA.

O ciel !... qu'a donc Votre Majesté ?...

LA CZARINE.

Il ne sait donc pas que la foudre gronde sur sa tête... sur la
vôtre !... qu'une fois lancée, rien ne pourra l'arrêter.

OLGA, interdite.

Qu'est-ce donc, madame ?...

LA CZARINE, froidement.

Rien !

OLGA.

Mais ce que disait Votre Majesté...

LA CZARINE.

Le voici !... c'est bien... laissez-nous.

OLGA.

Mais...

LA CZARINE, avec impatience.

Au nom du ciel, laissez-moi !

OLGA.

Oui, madame! (A part.) Ah! mon Dieu!... est-ce qu'il courrait quelque danger?... (Elle sort par la porte à droite.)

SCÈNE XII.

SAPIEHA, LA CZARINE.

SAPIEHA, entrant et apercevant la czarine.

Vous, madame!...

LA CZARINE.

Vous ne m'attendiez pas, monsieur le comte...

SAPIEHA.

Je ne m'attendais pas à ce bonheur... A peine ce matin, au cercle de la cour, avais-je pu entrevoir Votre Majesté, il y avait tant de monde!...

LA CZARINE.

Et vous êtes arrivé tard! on vous a retenu! Ces chaînes acceptées malgré vous. . ces chaînes hier si pesantes... vous semblent déjà légères!... En Russie... on se façonne vite à l'esclavage!

SAPIEHA.

Que voulez-vous dire?

LA CZARINE.

Les promesses que vous m'avez faites hier, je ne les avais pas exigées de vous; j'avais consenti au plus grand, au plus horrible des supplices! je vous avais moi-même donné à une autre, pour détourner de vous la vengeance du czar, et, eussé-je dû en mourir de douleur.. ce sacrifice était entier, irrévocable... j'avais renoncé à vous, pour toujours! C'est vous qui m'avez attesté, au nom de l'honneur, que ces nœuds formés par la contrainte étaient nuls à vos yeux; c'est vous qui m'avez fait un serment que jamais je n'aurais imposé, mais que j'ai reçu; j'y comptais, et déjà vous l'avez trahi!...

SAPIEHA.

Moi!...

LA CZARINE.

La comtesse... votre femme... (se reprenant.) Non... Olga Menzikoff m'a tout raconté .. tout à l'heure... Ce bouquet... ce baiser...

SAPIEHA, à part.

O ciel !... (souriant.) C'est là le crime dont Votre Majesté a la
bonté de me croire coupable. On ne lui a pas dit qu'en ce moment même une personne venait d'entrer apportant ses félicita-
tions à la mariée... la comtesse Jakinski, espion du grand monde,
payée par le czar pour observer dans les salons, comme son mari
à la ville... et sans y attacher d'autre importance, il m'a semblé
de la plus simple politique...

LA CZARINE, l'interrompant.

Assez... assez... je vous crois ! Elle était là...

SAPIEHA, faisant quelques pas vers le fond.

Si Votre Majesté en doute, qu'elle interroge encore Olga.

LA CZARINE, allant s'asseoir à gauche.

Pardon ! je suis si malheureuse ! si vous saviez que mon existence, commencée dans la misère, n'a jamais connu que l'ambition, la crainte, la haine, la gloire !... toutes les passions qui
torturent la vie... aucune de celles qui la consolent ou l'embel-
lissent... jouet des événements, ne m'appartenant pas, subissant
le joug du maître... je lui ai livré, à lui, l'esclave qui obéit... à
vous le cœur qui aime !... et ce charme enivrant ignoré jusqu'ici...
ce bonheur inconnu que je vous dois !... y renoncer maintenant
me serait impossible !... être trahie par vous serait la mort !... et
le soupçon... le doute même est un si grand supplice... que je ne
pourrais supporter une fois encore les tourments jaloux que
j'éprouvais là tout à l'heure, près de cette pauvre enfant !

SAPIEHA.

Catherine !...

LA CZARINE, à voix basse.

Écoute-moi... Si tu l'aimes, il faut me l'avouer... Je suis calme...
tu le vois, j'ai de la force, de la raison !... il m'en reste assez pour
te dire : Va-t'en ! pars avec elle... dérobe-toi à la colère du czar...
à la mienne peut-être !... (elle se lève.) Car si tu me trahissais... si
j'en avais la preuve... tu ne sais pas ce dont je serais capable... je
l'ignore moi-même... mais je sens au feu caché qui bouillonne en

mon sein que s'il éclatait... Ne m'y expose pas... pars avec elle... va-t'en... c'est assez du malheur... ne me condamne pas au remords ! (Elle passe à droite.)

SAPIEHA, avec effroi et à voix basse.

Catherine !... on peut venir... on peut nous entendre !... En échange de votre couronne, de votre renommée... de vos jours que vous exposez pour moi... je n'ai pu vous offrir que mes serments... je les tiendrai !... Tout ce que mon cœur peut vous donner, je vous le donne, et le jour où il vous faudra ma vie, songez bien qu'elle vous appartient et que vous pouvez la prendre.

LA CZARINE.

Moi !... qui mourrais pour la sauver... Mais pourquoi parler de mourir ? tu m'aimes, je ne crains plus rien ! tu m'aimes... j'ai retrouvé ma force et mon courage !... j'ai tes jours et ton amour à défendre !... (Voyant deux de ses femmes qui paraissent au fond.) Adieu ! (Elle sort par le fond à droite.)

SCÈNE XIII.

SAPIEHA la suit jusque dans la serre et la regarde partir, puis il revient en scène et aperçoit Olga qui entre, se soutenant à peine ; OLGA.

SAPIEHA.

Olga !... Comme elle est pâle !...

OLGA, s'appuyant sur un fauteuil.

J'étais là... j'ai tout entendu...

SAPIEHA.

Grand Dieu !

OLGA.

Vous ne m'avez épousée que pour détourner les soupçons du czar... pour soustraire à la mort... vous et la czarine... il fallait tout me dire, monsieur, je vous aurais sauvés.. et ma tête seule fût tombée sous la hache... car c'est moi qui aurais refusé !

SAPIEHA.

Ah ! daignez m'écouter !...

OLGA.

Silence, voici le czar !

SCÈNE XIV.

VILLERBECK, LE CZAR, SAPIEHA, OLGA.

LE CZAR, entrant par la porte du fond de gauche et traînant rudement Villerbeck qu'il tient par la main.

Tu me trompes encore?... mais je te confondrai devant lui, devant elle... réponds? Et qu'on y songe bien, malheur à quiconque trahira la vérité, car il ne sera pas dit que vous aurez à vous trois tenu le czar en échec et qu'il aura perdu toute une matinée à débrouiller une misérable intrigue...

OLGA, à part.

Ah! que j'ai peur!...

LE CZAR, à Villerbeck.

Je commence par toi. Tu étais, dis-tu, à moitié ivre cette nuit dans le pavillon du Sud. Est-ce vrai?

VILLERBECK.

Oui, Sire!

LE CZAR.

Monsieur le comte y était aussi!

VILLERBECK.

Quoi, c'était lui!...

LE CZAR.

Est-ce vrai?...

SAPIEHA.

Oui, Sire.

LE CZAR, à Sapieha.

Vous, Monsieur, vous y alliez, vous me l'avez avoué... pour une femme que vous aimiez éperdument!

OLGA, à part avec douleur.

Ah! l'ingrat!... c'est donc vrai!

LE CZAR.

Mais deux personnes seulement habitaient ce pavillon...

OLGA, à part.

Il est perdu!

LE CZAR.

De ces deux personnes laquelle vous attendait... laquelle?... répondez?...

OLGA, prévenant Sapicha qui va répondre et allant au czar.

Moi, Sire !

LE CZAR.

Vous!... et tout à l'heure devant moi... vous l'avez nié avec audace !...

OLGA, baissant les yeux.

Votre Majesté oublie que mon père était là !

LE CZAR, confondu.

C'est juste!... (Se retournant avec colère vers Villerbeck.) Mais toi, si j'en crois ce que tu me racontais à l'instant... ce balcon... cette fenêtre... as-tu vu, sais-tu qui l'a entr'ouverte ?

VILLERBECK.

Non, Sire !...

OLGA, avec émotion.

C'était moi !

LE CZAR.

Vous? (Avec impatience à Villerbeck.) C'est à toi que je parle!... dans cet appartement où tu as pénétré... tu as aperçu, m'as-tu dit, une femme qui a poussé un cri en renversant un flambeau... cherche bien?... rappelle tes souvenirs... n'as-tu pas quelque idée?... quelle était cette femme?

VILLERBECK.

Eh bien! il me semble que...

OLGA.

C'était moi!... oui, Sire... j'ai fort bien reconnu monsieur l'amiral... qui même était ivre.

VILLERBECK.

C'est vrai.

LE CZAR, à Olga.

Ainsi donc, après l'avoir nié... vous en convenez maintenant, au milieu de la nuit... vous, jeune fille, vous avez, au mépris de tous vos devoirs, donné un rendez-vous, un rendez-vous d'amour à monsieur le comte Sapicha.

SAPIEHA, prêt à donner un démenti.

Ah !...

OLGA, vivement.

Oui, Sire !

LE CZAR.

Vous l'aimez donc bien... Répondez?...

OLGA, avec hésitation et baissant les yeux.

Oui... Sire...

LE CZAR, à Sapieha.

Et vous, monsieur?...

SAPIEHA, vivement et avec chaleur.

Moi!... je le demande à Votre Majesté... comment être insensible à tant de grâces et de jeunesse... comment ne pas éprouver un sentiment d'admiration... de reconnaissance... d'amour... devant tant de dévouement...

LE CZAR, brusquement.

Il suffit! (A part.) On croirait, Dieu me damne! qu'il dit vrai... (Regardant Olga qui baisse les yeux.) Et elle aussi... Et pourtant! je sens autour de moi la trahison... Villerbeck n'a pas tout dit.

VILLERBECK.

Ainsi Votre Majesté n'en veut plus... à personne?...

LE CZAR, le regardant avec colère.

Qu'à toi seul qui es cause de tout, à toi qui as osé t'introduire la nuit dans ce pavillon.

VILLERBECK.

Dans un moment d'ivresse... Votre Majesté le sait bien...

LE CZAR.

Ivresse d'autant plus coupable... qu'elle t'a empêché de distinguer... de reconnaître...

VILLERBECK.

Mais hier déjà Votre Majesté m'avait pardonné...

LE CZAR.

A tort... Mon pardon était une injustice... et quand je suis injuste je le reconnais... aussi nous reviserons l'arrêt!

VILLERBECK.

Mais pour quelles raisons?...

LE CZAR.

Je n'en ai pas à te donner... et je te trouve bien hardi d'en demander...

VILLERBECK, à part.

Sapieha disait vrai... le grand homme n'est pas agréable tous les jours !

LE CZAR.

Éloigne-toi ! (Prenant le milieu et s'adressant à Sapieha et à Olga pendant que Villerbeck s'éloigne.) Je suis heureux que ce mariage ordonné par moi... soit décidément un mariage d'amour... Je vous laisse, monsieur le comte... je vous laisse avec votre femme! (Il sort par le fond à droite.)

SCÈNE XV.

OLGA, SAPIEHA, moment de silence.

SAPIEHA, se mettant à genoux.

Pardon, pardon?...

OLGA, froidement.

Relevez-vous, monsieur!...

SAPIEHA.

Ah! si vous saviez... ce qui se passe dans mon cœur...

OLGA, de même.

N'achevez pas, monsieur, c'est inutile!.. le czar n'est plus là ! un tel mariage, vous l'avez dit vous-même, un mariage formé par la contrainte est nul, et s'il y a une justice au monde, de pareils nœuds doivent être brisés! ils le seront bientôt, je l'espère... D'ici là j'ai dû défendre les jours de celui dont je portais le nom, j'ai dû chercher à sauver la souveraine qui m'avait comblée de ses bontés... et que je trouve bien malheureuse... malheureuse d'être coupable et surtout de vous aimer! et maintenant, monsieur... tout est fini! vous êtes libre !...

SAPIEHA, lentement et avec émotion.

Olga... je n'ai ni le droit de me justifier... ni l'espoir de vous convaincre; et si je vous dis que la vanité seule avait fait naître en mon cœur l'idée d'une pareille conquête, que c'était

l'ivresse de l'orgueil et non celle de l'amour... vous ne me croirez
pas et c'est pourtant la vérité... d'aujourd'hui seulement j'ai compris ce qu'une affection innocente et pure... pouvait donner de
vrai bonheur... et quand je vous ai entendue, sublime de candeur
et de générosité, vous sacrifier pour ceux qui vous trahissaient et
protéger leurs jours, au prix de votre honneur!... vaincu d'admiration, de surprise et de honte, j'ai senti seulement alors combien
j'étais coupable. Mais si un crime peut s'expier par les regrets et
les remords, mais si vous connaissiez les miens, Olga... peut-être
seriez-vous désarmée... (Il s'incline devant elle.)

OLGA, faisant quelques pas pour sortir.

Adieu, monsieur!...

SAPIEHA, se relevant.

Quoi! vous refusez de m'entendre?... quoi! je ne puis rien
espérer de vous?...

OLGA, froidement.

Rien!... monsieur!... J'ai trop d'orgueil au cœur pour m'avilir
par un partage, même avec ma souveraine!... le favori de la czarine ne sera rien pour moi. (A Sapieha qui fait un pas vers elle.) Je vous
défends de me suivre... (Elle sort par la porte de l'angle à gauche.)

SAPIEHA, avec désespoir.

Ah! j'avouerai tout à la czarine! (Il sort par le fond.)

FIN DU TROISIÈME ACTE.

ACTE QUATRIÈME

Le cabinet du czar, architecture russe. Trois portes au fond. A gauche du spectateur, sur le premier plan, une grande cheminée. Du même côté, sur le second plan, la porte d'un cabinet. A droite du spectateur, sur le premier plan, une large croisée donnant sur une place publique. A gauche, devant la cheminée, une table chargée de papiers, de cartes et de livres. A droite, et faisant face au spectateur, un canapé. Un cordon à sonnette descend du plafond jusque sur le milieu de la table à gauche.

SCÈNE PREMIÈRE.

LA CZARINE, assise sur un fauteuil, près du canapé, LE CZAR, étendu sur un canapé et dormant.

LA CZARINE, se levant.

Il repose enfin !... mais quelle horrible crise ! et dans cet accès de délire et de fureur... ne proférer que des cris de vengeance... des arrêts de mort... la mienne d'abord... Celle-là, du moins, c'est justice !... et je ne me plaindrai pas s'il ne frappe que moi... Mais Sapicha, pour qui je tremble toujours... mais ce pauvre Villerbeck, qu'il vient d'envoyer à la torture... pour le forcer à avouer un secret qu'il ne sait pas... (Levant les yeux.) Ah ! Olga ! encore un remords... involontaire, mon Dieu ! mais tout devient crime pour le criminel.

SCÈNE II.

LA CZARINE, OLGA, qui est entrée par une des portes du fond, LE CZAR, endormi.

OLGA.

Je venais demander à Votre Majesté...

LA CZARINE.

Plus bas !... le czar est là... il dort.

OLGA, baissant la voix.

Je ne l'avais pas vu! Je venais demander à Votre Majesté si la fête de demain, la bénédiction de l'eau aurait toujours lieu?

LA CZARINE.

Oui.

OLGA.

Et la réception de ce soir?

LA CZARINE.

Non!... Je resterai ici renfermée!... Quand le czar est en proie à ce mal terrible... à ces convulsions... au milieu desquelles on le voit se rouler et se tordre... l'écume et le sang à la bouche... moi seule peux le soigner... moi seule sais calmer et abréger ses douleurs... (A part et pendant qu'Olga va près du czar.) L'Europe s'est étonnée de ma haute fortune, elle attribue à mon ambition, à mon habileté, ou du moins à l'amour!... cette couronne que je ne dois peut-être (Montrant le czar qui s'agite en ce moment.) qu'à la souffrance!... couronne qui n'a pas trompé son origine!... quand je pense aux tourments qu'elle m'a valus... qu'elle me vaut chaque jour... (Regardant Olga qui revient près d'elle.) Mais écartons ces idées, éloignons-les surtout de cette jeune fille!... (A voix basse.) Que s'est-il passé depuis ce matin? le comte Sapicha, ton mari, est-il toujours aussi galant?... aussi aimable?... Eh! mon Dieu! quel air triste et sombre!...

OLGA, baissant la tête et à voix basse.

Pourquoi feindre, ma souveraine... je sais tout!

LA CZARINE.

O ciel!

OLGA, de même.

Il m'a tout dit!

LA CZARINE, vivement.

Il a eu raison... dût ma vie être désormais entre tes mains... il a bien fait de te la confier!... je le lis dans tes yeux... tu ne me trahiras pas!

OLGA.

Plutôt mourir!... Mais cet époux dont la vue m'importune et me blesse...

LA CZARINE, avec joie.

Eh bien?...

OLGA.

Mais ce mariage que je déteste!...

LA CZARINE.

Nous le briserons... je te le jure! nous t'enlèverons, à toi, ces chaînes odieuses! et à moi, le remords de t'avoir enchaînée.

OLGA.

Silence... le czar s'éveille!...

LA CZARINE, s'approchant du canapé.

Pas encore!.. (Montrant la chambre à gauche.) Va prendre là, dans cette chambre, sur une table de malachite, des gouttes... qu'il demande d'ordinaire quand il revient à lui. (Olga entre un instant dans l'appartement, à gauche.)

LA CZARINE, regardant le czar.

Il dort... mais à sa respiration haletante et oppressée... je prévois qu'il ne peut tarder à s'éveiller... En attendant... un rêve l'agite... il parle à demi-voix... Écoutons!

LE CZAR, dormant.

Constantinople!... Constantino...ple.

LA CZARINE.

Même dans le sommeil!... (Apercevant Sapieha qui entre par la porte du fond, à gauche.) Ah!

SCÈNE III.

SAPIEHA, LA CZARINE, LE CZAR, endormi.

SAPIEHA.

Catherine!

LA CZARINE.

Imprudent! qui vous amène? que voulez-vous?

SAPIEHA.

Vous parler...

LA CZARINE.

Impossible!... (Montrant le canapé.)

SAPIEHA.

Je le craignais... Cette lettre du moins... à vous!... à vous seule!...

LA CZARINE, la prenant après s'être assurée que le czar n'est point éveillé.

Donnez et partez! (Sapieha sort par la porte du milieu.)

SCÈNE IV.

OLGA, LA CZARINE, LE CZAR.

Olga sort du cabinet à gauche, tenant à la main un flacon qu'elle pose sur la table,
au moment où Sapieha sort.

OLGA, voyant Sapieha sortir et poussant involontairement un cri de jalousie.

Ah! lui!... une lettre!...

     LE CZAR, s'éveillant brusquement.

Une lettre...

     LA CZARINE, tremblante.

Grand Dieu!... (Olga a vivement saisi la lettre que la czarine lui a laissé
prendre.)

     LE CZAR, achevant de s'éveiller.

Qu'est-ce? qu'y a-t-il?... une lettre... pour moi?... où est-elle?
(A Olga, qui la tient entre ses mains.) Donnez !

     OLGA.

Non, Sire... c'est une lettre de mon mari... que l'on vient d'apporter.

     LA CZARINE, troublée.

Oui... on l'apporte à l'instant...

     OLGA.

Et j'ignore ce que ce peut être...

     LE CZAR, brusquement.

Eh bien... lisez?...

     OLGA, interdite.

Je n'oserais devant Votre Majesté... et devant la czarine...

     LE CZAR, brusquement.

Qu'importe!... Je vous le permets .. et la czarine aussi!...
(Se tournant vers elle.) N'est-ce pas?... (Il regarde la czarine et paraît frappé
de l'altération de ses traits; il l'observe avec attention pendant que celle-ci regarde
avec inquiétude Olga, qui vient de décacheter la lettre.)

OLGA, parcourant la lettre.

O ciel !... il lui avoue que c'est moi... « moi, sa femme, qu'il
« aime... Il supplie la czarine de lui rendre ses serments... lui
« offrant sa vie en échange !... » Ah !... (Avec joie.) C'est bien à lui...
J'oublie tout... je pardonne !...

LE CZAR, se levant, touchant le bras de la czarine qu'il vient d'observer.

Comment, Catherine, vous d'ordinaire... si forte, si maîtresse
de vous-même... laissez-vous paraître en ce moment sur vos traits
l'émotion que vous éprouvez....

LA CZARINE.

Moi, Sire !...

OLGA.

O ciel !...

LE CZAR.

Pourquoi vos yeux, dont je suivais la direction, ne pouvaient-
ils se détacher de la lettre... que la comtesse lisait ?

OLGA, à part.

O mon Dieu !...

LE CZAR.

Cette lettre de Sapieha est donc pour vous comme pour elle
d'un bien vif intérêt... (se tournant vers olga.) Que contient-elle ?

OLGA.

Sire...

LE CZAR, toujours à Olga.

Est-ce bien à vous ? à vous seule qu'elle est adressée ?... Je veux
le savoir.

OLGA.

Jamais !

LE CZAR.

Je veux la lire.

OLGA.

Personne au monde, pas même Votre Majesté, n'a le droit de
lire ce qu'un mari écrit à sa femme !

LE CZAR.

Ce droit... je le prends...

OLGA.

Et moi je ne le reconnais pas ! (Elle déchire la lettre, qu'elle jette dans la cheminée.)

LE CZAR, s'élançant sur elle la canne levée.

Une pareille audace!...

LA CZARINE, se précipitant et arrêtant son bras.

Sire ! y pensez-vous?... Une femme! une jeune fille!...

LE CZAR.

Vous avez raison... c'est ainsi que l'on punit l'esclave! L'on doit mieux que cela à la comtesse Sapieha; j'y songerai! (A Olga.) Sortez!... (Olga s'éloigne par le fond. — S'adressant à la czarine.) Quant à vous, Madame, vous savez les graves intérêts qui en ce moment appellent tous mes soins !... Je venais de vous en faire part... au milieu même de mes souffrances, car le souverain d'un État comme la Russie doit s'oublier lui-même pour ne songer qu'au pays. Je vous parlerai plus tard... Laissez-moi!...

LA CZARINE.

Mais, Sire...

LE CZAR.

Laissez-moi... ou sinon...

LA CZARINE.

Je vous laisse, Sire, je vous laisse. (Elle sort par la porte à gauche.)

SCÈNE V.

LE CZAR, seul, s'approchant de son bureau et regardant les papiers dont il est couvert.

Oui, des guerres utiles, des alliances plus utiles encore, des révoltes à prévenir, des travaux à terminer!... tout est là... sous ma main... attendant mon ordre et mon impulsion!... Et quand la souffrance, qui me dévore, me dit que mes jours sont comptés... qu'il faut hâter mon œuvre inachevée!... mille obstacles futiles viennent l'entraver!... des intrigues de palais, des mystères de femmes, fils obscurs et embrouillés que mes doigts de fer cher-cheraient en vain à démêler! nœud gordien que je ne peux délier et que je trancherai par la hache! (Tombant sur le canapé à droite et après un instant de silence.) Et ils diront encore que je verse du sang à plaisir, que je cède sans réflexion à la violence de mes passions! Mais que fait-on de grand sans passion... sans une passion ardente, invincible... brisant toute résistance pour arriver à son but?... Et mon but à moi, ils ne le comprennent pas, ils ne le comprendront jamais! Un homme se lève tout à coup... seul au milieu des ténèbres!... il aperçoit la lumière... il y marche... il fait plus, il prétend y traîner après lui des nations entières... nations aveugles et barbares qui l'accusent, lui, d'aveuglement et de barbarie! Et dans ce combat où il lutte seul contre tout un peuple, combat livré aux superstitions et aux préjugés, combat le plus long et le plus acharné de tous, il lui faut tout vaincre, tout détruire, tout refaire, jusqu'à des habitudes et des mœurs! Eh bien! j'en ai fait avec des lois et des supplices! Et dans une œuvre pareille, dans cette guerre incessante de la civilisation contre la barbarie, on me reproche les sueurs et le sang que j'ai fait verser! (Se levant, avec un rire sardonique.) Et quelle est donc la guerre où l'on obtient la victoire sans des sueurs et du sang? Vainement j'ai créé des soldats, des matelots, des villes, des ports, une patrie, enfin! Vainement j'ai fait de nos déserts glacés un empire européen... Ils ne me tiennent compte ni des arts, ni de l'industrie, ni du commerce, ni de la gloire dont j'ai doté mon pays... Ils ne voient dans ma vie que les Strelitz roulant sous ma hache sanglante!... Eh bien, oui, je faisais la guerre à tous les ennemis de la civilisation... ils devaient tomber pour lui faire place. La postérité, disent-ils, répétera le nom d'Alexis et me flétrira de son supplice! Quoi! le monde civilisé s'est complu, d'âge en âge, dans une longue admiration pour Brutus! Brutus immolant ses deux fils au salut d'une république infime et misérable alors! Et moi, pour assurer à la Russie les destinées immenses qui l'attendent... peut-être! on ne me pardonnera pas d'avoir condamné un prince coupable, conspirant contre son père pour éteindre le flambeau que j'allumais et replonger son pays dans les ténèbres!... Eh bien, oui, c'était mon fils!... un fils indigne de moi... j'ai versé son sang! comme aujourd'hui encore je verserais le mien pour assurer le succès de mon œuvre! cette œuvre que le temps justifiera, et que je lègue à l'avenir... (s'asseyant.) En attendant, je la continuerai, je l'achèverai, malgré les ennemis du dehors, malgré les trahisons intimes, malgré même les souffrances qui me torturent... (Prenant la plume.) Oui... travaillons... terminons... O douleur ! tu ne m'abattras pas ! Je triompherai de toi comme de tous mes ennemis !

SCÈNE VI.

LE CZAR, SAPIEHA, entrant par le fond.

LE CZAR, se retournant.

Ah ! monsieur le comte Sapieha !

SAPIEHA.

Ciel ! le czar !

LE CZAR, toujours assis.

Approchez, monsieur. Je suis occupé... j'ai peu de temps à vous donner... hâtez-vous donc de me comprendre et de me répondre... (Froidement et après l'avoir pendant quelques instants regardé en silence.) Vous aimez la czarine ?...

SAPIEHA.

Moi, Sire... une pareille accusation !... J'aime la comtesse Sapieha, ma femme !

LE CZAR.

Cela n'empêche pas !

SAPIEHA.

Je n'aime qu'elle au monde... je l'atteste devant Votre Majesté et devant Dieu !

LE CZAR.

Je change alors la question : vous êtes aimé de la czarine ?...

SAPIEHA.

C'est une odieuse calomnie !

LE CZAR.

Pas de phrases... je vous ai dit que je n'avais pas de temps à perdre... La czarine vous aime, tout me le dit...

SAPIEHA.

Et moi, dussé-je donner un démenti à Votre Majesté, dussé-je braver sa colère...

LE CZAR, froidement.

Est-ce que je suis en colère ?... Je suis de sang-froid, vous le

voyez... et j'attends de vous le même calme, car il s'agit ici, non
de ce que vous pensez... mais d'affaires d'État... et alors je ne me
fâche jamais... la colère empêche de bien voir !... Asseyez-vous...
je vous le permets. (A Sapieha, qui vient de s'asseoir.) Écoutez-moi bien !
Ma première femme, Eudoxie, qui conspirait contre l'empire...
et contre moi... s'était alliée, pour ce dernier complot, au général Gleboff... J'aurais pu faire prononcer l'arrêt de mort d'Eudoxie... je ne fis prononcer que le divorce..... Vous remarquerez
que ce divorce me convenait : il me rendait la liberté, il éloignait
de moi une femme que je n'aimais plus, et la reléguait dans un
couvent où elle est encore !... Commencez-vous à comprendre ?...

SAPIEHA.

Non, Sire !...

LE CZAR.

Je croyais qu'on avait en Pologne plus d'aptitude aux affaires
d'État... J'achève donc... Il m'a plu de placer Catherine sur le
trône... il me plaît aujourd'hui de l'en faire descendre... Mais
devant le sénat et devant la nation .. il me faut un motif... Elle
me l'offre d'elle-même... car elle m'a trahi ! Elle vous aime... j'en
suis sûr !... j'en ai la conviction !... Je n'en ai pas de preuves au-
thentiques... pas encore du moins... et pour abréger, autant que
pour avoir des documents certains... c'est à vous que je m'a-
dresse...

SAPIEHA, surpris et ne pouvant se contenir.

Quelle indignité ! Jamais ! (se reprenant.) Quand j'en aurais... Et
je n'en ai pas !

LE CZAR.

C'est par cette seconde phrase qu'il fallait commencer... la première étant déjà une imprudence dont je prends acte... (Mouvement d'indignation de Sapieha.) Asseyez-vous donc !... Je continue. A ce
prix, vous sauvez Catherine... je lui fais grâce, je le jure. Je fais
prononcer le décret qui nous sépare... et je vous accorde à vous
un généreux sauf-conduit pour quitter la Russie avec votre jeune
femme, que vous aimez, que vous adorez... N'est-ce pas là une
offre franche et loyale ?... répondez !...

SAPIEHA, avec chaleur.

Non, Sire !.., c'est un pacte infâme !

LE CZAR, froidement.

Attendez!... je reviens à ma première femme Eudoxie, dont je ne vous ai pas achevé l'histoire. Gleboff, son complice... qui n'avait voulu rien avouer, Gleboff... qui avait préféré faire de l'héroïsme et me braver, ne m'empêcha pas de trouver plus tard les preuves que je cherchais, et périt dès le lendemain dans les supplices... Comprenez-vous maintenant?

SAPIEHA.

C'est là le sort dont Votre Majesté me menace?...

LE CZAR.

Je ne menace pas, monsieur... je frappe. Mais auparavant je laisse à l'aveuglement ou à la folie quelques instants de réflexion... Prononcez donc... mais hâtez-vous! (Il se remet à écrire.)

SAPIEHA, se levant et replaçant sa chaise.

La czarine n'a rien à se reprocher... et moi rien à vous dire.... Mais si un secret, quel qu'il fût, était jamais confié à mon amour ou à mon honneur .. aucun tourment ne me l'arracherait... Et ce secret... je ne le dirais ni à vous, Sire, ni à l'échafaud. (Le czar, qui est toujours à travailler et qui lui tourne le dos, saisit le cordon d'une cloche qui tombe sur son bureau.)

SCÈNE VII.

SAPIEHA, LE CZAR, JAKINSKI.

LE CZAR, voyant que personne n'arrive, se lève.

Cette cloche qui doit retentir dans la salle d'armes est-elle si longue à se faire entendre... ou personne n'est-il à son poste?.. (Apercevant Jakinski qui entre avec plusieurs officiers par une des portes du fond.) Ah! enfin!... (Lui montrant Sapieha qui se trouve à gauche.) Voici un jeune gentilhomme dont vous me répondez sur votre tête!

JAKINSKI.

Oui, Sire!

LE CZAR.

Vous le conduirez sous bonne escorte dans la même prison que l'amiral Villerbeck. Si d'ici à ce soir il juge convenable de faire quelques déclarations... vous me les apporterez signées de lui et cachetées... S'il continue à garder le silence...

SAPIEHA, souriant.

Votre Majesté en doute encore?...

LE CZAR, froidement.

Par habitude, je doute de tout... (Se retournant vers Jakinski.) Mais
enfin, s'il persiste à se taire, vous ferez dresser l'échafaud demain
matin, (Montrant les fenêtres à droite.) là... vis-à-vis les fenêtres de
mon cabinet...

SAPIEHA, souriant.

Pour que Votre Majesté puisse jouir du spectacle?... C'est juste!
un souverain doit tout voir par lui-même.

LE CZAR, froidement, à Sapieha.

Vous souriez, monsieur?...

SAPIEHA.

Du système de Votre Majesté qui, pour faire parler les gens,
leur fait trancher la tête... Innovation originale, Sire, mais dont
le succès ne répondra peut-être pas à votre attente!

LE CZAR, froidement.

A demain, monsieur!

SAPIEHA, saluant avec respect.

A demain, Sire!

SCÈNE VIII.

MENZIKOFF, entrant en ce moment et entendant ces dernières paroles,
SAPIEHA, LE CZAR, JAKINSKI.

MENZIKOFF, à Sapieha.

Demain!... N'oubliez pas qu'il y a à la cour une grande solen-
nité.

SAPIEHA, souriant.

Impossible d'y assister, mon prince... Sa Majesté a disposé de
ma matinée. (Il sort par le fond.)

MENZIKOFF.

Qu'est-ce que cela signifie?

LE CZAR, froidement, regardant sortir Sapieha.

Un vrai gentilhomme!... du persiflage jusque sous la hache!

MENZIKOFF, étonné.

Comment?

LE CZAR.

Il vient de France... il y a étudié ! et je conçois parfaitement
l'amour qu'ont pour lui toutes les femmes... à commencer par...
(se reprenant.) par la sienne !... Qant à celle-là, Jakinski... la jeune
comtesse Sapieha, vous commanderez pour elle un kibits... et,
dès ce soir, sur la route de Tobolsk...

JAKINSKI.

Oui, Sire.

MENZIKOFF, avec effroi.

Ma fille en Sibérie !... ma fille bien-aimée !...

LE CZAR.

Ah! tu aimes donc quelqu'un dans le monde... tant mieux !
(Posant sa main sur le cœur de Menzikoff.) je croyais la place inattaquable,
et maintenant je saurai par où la prendre... (A Jakinski.) Laisse-
nous !

JAKINSKI.

Oui, Sire !...

SCÈNE IX.

MENZIKOFF, LE CZAR.

LE CZAR.

Voici bientôt l'heure de la revue... mais j'ai encore un quart
d'heure à te donner... Parlons de toi?...

MENZIKOFF.

Non, Sire ! parlons de mon enfant? Comment a-t-elle pu en-
courir la colère de Votre Majesté?...

LE CZAR.

Comment?... A peine présentée à la cour... elle a déjà, comme
une duchesse douairière, protégé et servi les amours de la czarine.

MENZIKOFF.

Elle?... ce n'est pas possible !... Quelles preuves, Sire... quelles
preuves?...

6

LE CZAR, froidement.

Les preuves... je les attends!

MENZIKOFF.

Et vous condamnez d'abord !

LE CZAR.

Oui!... car la conviction... je l'ai! Et d'ailleurs, de quoi te plains-tu? plus elle sera coupable, plus j'aurai de mérite à t'accorder sa grâce... si je te l'accorde... car autrefois j'avais en toi un ami... je n'ai plus qu'un ministre, ministre dont je reconnais les talents, l'audace, le courage, mais dont je cherche en vain le dévouement absolu et aveugle...

MENZIKOFF.

A qui la faute?.., c'est la confiance qui fait le dévouement... et quand je compare, quand je raisonne...

LE CZAR.

Tu ne raisonnais pas autrefois .. tu obéissais, toi, les grands de ma cour, et mes principaux officiers!

MENZIKOFF.

A qui la faute?... vous avez apporté la lumière, et vous vous plaignez qu'elle nous éclaire ? vous avez voulu faire de nous des hommes, et vous vous étonnez de ne plus trouver des esclaves? vous vous indignez que l'on frémisse sous le bâton qui vous flétrit...

LE CZAR.

Tu vois donc que tu te révoltes, que tu me trahis... sinon par le fait, du moins par la pensée! et de la pensée à l'action... il n'y a que la distance... d'une occasion...

MENZIKOFF.

Vous défiez-vous de moi?

LE CZAR.

Oui! tes protestations ne me suffisent plus. Il te faudra désormais, pour reconquérir ma confiance ébranlée, un dévouement plus grand encore que celui d'autrefois! Ta fille est mon otage... j'ai dit la Sibérie, et je maintiens l'arrêt...

MENZIKOFF.

O ciel !...

LE CZAR.

Tant que tu ne m'auras pas donné de ces gages qui ne permettent plus le retour...

MENZIKOFF.

Parlez?...

LE CZAR.

Tu rompras d'abord ouvertement avec tous les officiers de la flotte et de l'armée qui, dans leurs sourds mécontentements, trouvent en toi un appui et te regardent comme leur chef! c'est toi qui provoqueras leur condamnation ou leur exil... Tu me présenteras, dès demain, le décret... je le signerai.

MENZIKOFF, froidement.

Leurs noms?...

LE CZAR, allant prendre un papier sur le bureau.

Les voici... Ah!... (Écrivant.) J'y joindrai celui de Villerbeck.

MENZIKOFF.

Qu'a-t-il fait?...

LE CZAR.

Je doute de lui! (Regardant Menzikoff.) Et celui dont je doute est déjà coupable!

MENZIKOFF, froidement.

Si vous attendiez qu'il le fût réellement?...

LE CZAR.

Il serait trop tard...

MENZIKOFF, réfléchissant.

Je vois alors qu'il faut se hâter!

LE CZAR, vivement.

N'est-ce pas?... Malheur et mort aux ingrats!

MENZIKOFF, avec force.

Vous avez raison, Sire, mort aux ingrats!

LE CZAR.

Je les punirai tous!... à commencer par celle que mon amour a élevée jusqu'au trône et que sa trahison en fait descendre... Sapieha, ton gendre et son complice... je le sais... Sapieha qui ne veut rien avouer... expiera demain son audace... quant à celle qui

est plus coupable encore que lui... je ne veux pas que sa tête
tombe sous le glaive de la loi.

MENZIKOFF, vivement.

C'est bien, Sire !

LE CZAR, lentement.

Il ne me convient pas de venger une offense par un éclat qui
rejaillirait sur l'offensé. La punition, quoique méritée, ne doit pas
apparaître au grand jour, et la justice est aussi juste et plus sûre...
dans l'ombre...

MENZIKOFF, de même.

Quelles sont donc les intentions de Votre Majesté?...

LE CZAR, froidement.

Lors du procès d'Alexis... tu ne m'as pas fait cette question,
(Avec ironie.) je pouvais alors compter sur toi!... Oui, quand un
souverain a près de lui un ami véritable... un ami dévoué... celui-
ci, dans son zèle intelligent... devine la pensée du maître, ne lui
demande pas d'ordre et exécute ceux même qu'on ne lui a pas
donnés... Ainsi moi, qui suis ton ami, j'ai compris, au sujet de ta
fille, ce que tu veux, ce que tu désires; tu n'as plus besoin de
m'en parler, et elle partira pour Tobolsk ou restera à Saint-Pétersbourg, selon que tu le voudras!...

MENZIKOFF, froidement.

J'ai compris, Sire...

LE CZAR, de même.

Bien ! Voici l'heure de la revue, et mes soldats n'ont pas l'habitude de m'attendre. Adieu !... (Il prend sur le bureau son chapeau et sort
par la porte du fond.)

SCÈNE X.

MENZIKOFF, seul.

Pierre!... je te remercie de m'avoir donné un courage que
sans toi, peut-être, je n'aurais jamais eu... Et si Catherine me
seconde. .

SCÈNE XI.

LA CZARINE, MENZIKOFF.

LA CZARINE, sortant de l'appartement à gauche.
Le czar n'est plus là?...

MENZIKOFF.
Il vient d'aller à la revue.

LA CZARINE.
Il vous a parlé de moi?...

MENZIKOFF.
Oui!

LA CZARINE.
Il était furieux?...

MENZIKOFF,
Non!... il souriait froidement... Il avait ce sourire d'acier le matin de la mort d'Alexis, quand, pour faire preuve envers son fils de clémence et de douceur, il choisissait lui-même le poison le plus doux.

LA CZARINE.
O ciel!...

MENZIKOFF.
C'est celui-là qu'il vous destine.

LA CZARINE, vivement.
Un pareil crime! Ce n'est pas vrai!

MENZIKOFF.
Il en a chargé un de ses fidèles serviteurs.

LA CZARINE, avec force.
Ce n'est pas vrai!

MENZIKOFF.
C'est moi!

LA CZARINE.
Vous!!

MENZIKOFF.

A ce prix je rentre en grâce, il me rend sa faveur, sa confiance...

LA CZARINE, avec douleur.

Pierre !... il a pu ordonner ma mort... lui !

MENZIKOFF.

Vous n'êtes pas la seule qu'il ait condamnée ! j'ai là, grâce au ciel, écrits de sa main les noms de tous ceux qu'il destine au supplice...

LA CZARINE, étonnée.

Grâce au ciel ! dites-vous ?...

MENZIKOFF.

La certitude de la mort donne du courage, ils en auront ! (A demi-voix.) Alors à vous le pouvoir ; je ne vous demande rien que votre aveu !

LA CZARINE.

Je le refuse !... entends-tu bien ? je le refuse et je t'ordonne de renoncer à ce dessein ! Que d'autres comptent ses crimes, je ne vois que ses bienfaits... il m'a donné sa main et sa couronne !

MENZIKOFF.

Mais cette couronne, il la reprend !

LA CZARINE.

Elle est à lui... c'est l'empereur ! je dois le respecter.

MENZIKOFF.

Lui qui proscrit vos jours...

LA CZARINE.

Il a ce droit ! je suis coupable !... à lui de me traiter sans pitié ! J'attendrai la mort et ne la donnerai pas !

MENZIKOFF.

Ainsi vous abandonnez vos serviteurs et vos amis ?...

LA CZARINE.

Que veux-tu ? il m'est donné de haïr, mais non pas d'être ingrate, et le voyant menacé par vos poignards, je courrais, malgré moi, le défendre !

MENZIKOFF.

Que dirais-je alors à celui qui n'a pas craint d'exposer ses jours
pour vous? au comte Sapieha...

LA CZARINE, relevant la tête.

Sapieha!... que dis-tu?...

MENZIKOFF.

Interrogé par le czar, il n'a rien voulu avouer ; il vient d'être
jeté dans la prison du palais ! et demain, le czar me l'a dit, sa
mort !

LA CZARINE, avec désespoir.

Lui... mourir!... et je le souffrirais!... (Elle passe à droite.)

MENZIKOFF, à part.

A la bonne heure, au moins.

LA CZARINE, avec agitation.

Pourvu qu'il en soit temps encore... viens... viens... guide-
moi ?

MENZIKOFF.

Je réponds de tout... dans une heure vous régnez... vous com-
mandez... Grâce pour Sapieha, et mort au czar !...

LA CZARINE, s'arrêtant.

Au czar... non... non... je te l'ai dit, jamais je ne laisserai
conspirer, ni contre sa vie, ni contre son trône !

MENZIKOFF.

Soit! oublions, par reconnaissance, tous ceux qui nous sont
chers... et, témoins impassibles de leur supplice, laissons périr,
sans les défendre, moi, ma fille... et vous, Sapieha !

LA CZARINE, hésitant et se tordant les mains.

O mon Dieu ! mon Dieu ! que faire? (Poussant un cri de joie.) Ah ! je
le sauverai... je l'arracherai au bourreau !

MENZIKOFF.

Et comment?

LA CZARINE, sur le devant du théâtre.

Je ne veux exposer que moi ! j'agirai seule !... mais je le sauverai, je te le jure !

MENZIKOFF.

Et si votre espoir est déçu?...

LA CZARINE, de même.

Oh ! alors ! ne crains rien pour moi... je mourrai avec lui ! (Elle s'élance vers le fond.)

MENZIKOFF, voulant la retenir.

De grâce, écoutez !...

LA CZARINE.

Laisse-moi !... laisse-moi !... (Elle sort par le fond.)

MENZIKOFF, la suivant des yeux.

Malgré toi... tu régneras !...

FIN DU QUATRIÈME ACTE.

ACTE CINQUIÈME

Même décor. — La rampe s'est baissée et s'est relevée pour indiquer qu'une nuit
s'est passée dans l'entr'acte.

SCÈNE PREMIÈRE.

LE CZAR, avec agitation.

Comptez donc sur de pareils serviteurs !... Ce Jakinski que je
croyais avoir formé ! il ne peut rien deviner... rien prévoir ! type
de l'ancienne Moscovie, il ne sait qu'obéir ! Obéir, c'est là toute sa
science... et quand on oublie de lui commander... il ne sait plus
rien !... Laisser échapper des cachots du palais Sapieha... mon
prisonnier ! et parce qu'il était enfermé, enchaîné et gardé à vue
comme je l'avais ordonné, ne pas prévoir qu'on pouvait, à prix
d'or, gagner son gardien... ne pas penser que pour être hors de
prison, il n'était pas hors de Pétersbourg, et qu'il était encore
facile de l'y découvrir ! (Prenant un papier sur son bureau.) Ce rapport
seul me le prouve : « Le comte Sapieha est sorti cette nuit, par
« la porte d'Allemagne, dans le carrosse de l'ambassadeur Bal-
« tadjy-Mehemet. » (Avec colère.) Et parce que j'ai ordonné de
regarder comme inviolables la voiture et l'hôtel des ministres
étrangers, respecter servilement et sottement cette défense ! ne
pas comprendre que de tels ordres sont donnés pour qu'on les
viole, quand c'est nécessaire... quitte à moi, pour donner satis-
faction à l'ambassade, à désavouer plus tard... et à châtier le zèle
de mes agents ! Mais quelle confiance avoir en des fonctionnaires
esclaves de la consigne et de la lettre... qui ne savent pas désobéir
à propos !... Sapieha est loin maintenant... six heures d'avance...
il est libre... il m'échappe... mais d'autres paieront pour lui...
Ah ! Jakinski... te voilà, enfin !

SCÈNE II.

LE CZAR, JAKINSKI.

JAKINSKI, entrant du fond.

Sire! j'accours...

LE CZAR.

Il est bien temps! ton prisonnier est échappé! il est sorti de la ville...

JAKINSKI.

Oui, Sire... mais...

LE CZAR, allant à la fenêtre, à droite.

Silence! et regarde!... Vois-tu, sous cette fenêtre, l'échafaud dressé ce matin, pour lui?

JAKINSKI.

Oui, Sire, je le vois d'ici.

LE CZAR.

Il servira pour toi! voilà ce que j'avais à te dire... et maintenant va-t'en!

JAKINSKI.

Mais, Sire...

LE CZAR.

Tu n'es qu'une bête brute.

JAKINSKI.

Oui, Sire! Mais ce prisonnier...

LE CZAR.

Va-t'en!

JAKINSKI.

Je l'ai découvert et saisi.

LE CZAR, avec joie.

Que dis-tu?...

JAKINSKI.

Il est en mon pouvoir!

LE CZAR.

Ah! tu es un grand homme! Parle! dis-moi tous les détails... je t'écoute! (Il s'assied à droite.)

JAKINSKI.

D'après les ordres de Votre Majesté, nous plaçons toujours, dans l'hôtel de chaque ambassade, des gens de service... qui sont au nôtre...

LE CZAR, brusquement.

Des espions!

JAKINSKI.

Oui, Sire! de la diplomatie intérieure! C'est l'un de ceux-là qui m'a appris, hier soir, le départ du comte Sapieha, tandis qu'un autre, valet de pied dans l'hôtel, montait derrière le carrosse de l'ambassadeur.

LE CZAR.

Bien!... celui-là mérite de l'avancement.

JAKINSKI.

A vingt-cinq werstes de la ville, attendait un traîneau...

LE CZAR.

Où Sapieha est monté?...

JAKINSKI.

Non, Sire!... il a voulu absolument retourner à Saint-Pétersbourg.

LE CZAR.

Ce n'est pas possible!

JAKINSKI.

C'est ce que j'ai dit d'abord à l'agent fidèle qui l'a suivi de loin et vu entrer, au milieu de la nuit, dans le palais qu'habite la comtesse Sapieha. Enfin, quelque invraisemblable que cela fût, je ne calculai, ni raisonnai...

LE CZAR.

Très-bien!

JAKINSKI.

Le palais fût complétement cerné, et au point du jour... j'y pénétrai au nom du czar! Loin de chercher à s'évader, le comte parut l'air riant et la tête haute... et comme je voulais procéder à un interrogatoire sur le nouveau complot médité par lui : C'est inutile, a-t-il répondu... dites à Sa Majesté qu'il m'a été impossible de m'éloigner sans faire mes adieux à la comtesse, ma femme!...

Sommé par moi d'écrire et de signer la présente déclaration il l'a
fait sans hésiter...

LE CZAR.

Donne. (Il prend le papier et le parcourt.) Oui... il a risqué sa vie..,
pour revenir cette nuit... près de la comtesse... qu'il aime ..
(Brusquement.) L'avez-vous interrogé sur les personnes qui ont protégé sa fuite?... (Il passe à gauche.)

JAKINSKI.

Il ne les connaît pas, a-t-il dit !

LE CZAR.

Le nom de son gardien?...

JAKINSKI.

Goudounoff... mais il a disparu...

LE CZAR.

Goudounoff! n'est-ce pas un soldat de l'armée du Pruth?...

JAKINSKI.

Oui, Sire !

LE CZAR.

Qui devait être passé par les armes.., et dont Catherine a obtenu la grâce ?

JAKINSKI.

Oui, Sire...

LE CZAR.

Et qu'elle a fait placer ici au palais ?

JAKINSKI.

Oui, Sire !

LE CZAR, froidement.

Il devait lui être dévoué! Quant à Baltadjy Mehemet... (Éprouvant
quelque souffrance.) je devine quelle influence a pu le décider... au
mépris de son caractère d'ambassadeur, à protéger la fuite d'un
prisonnier d'État... (s'arrêtant.) Ah! je ne sais ce que j'éprouve...
(Il va tomber sur le fauteuil près de son bureau.)

JAKINSKI.

Les souffrances ordinaires de Votre Majesté...

LE CZAR.

Non!... un engourdissement que j'ai peine à vaincre... Ce matin cependant... et comme toujours, j'ai pris le flacon de rhum qui d'habitude ranime mes forces... et aujourd'hui!... (Se remettant.) Allons!... allons!... cela se passe... je suis mieux... l'idée de la vengeance... cela seul... vous ferait vivre!... (Écrivant à son bureau.) Si le gardien du palais, Goudounoff... retombe entre tes mains, la torture et les verges... jusqu'à la mort... Trahison flagrante... Quant à mon favori, mon ancien favori, qui continue à me trahir sourdement... car enfin... la czarine existe encore... car enfin... il a donné asile à Sapieha... sans le dénoncer... sans le livrer... comme il le devait!... j'ai trop attendu!... Que le sous-lieutenant Marcoff et douze soldats de ma garde exécutent à l'instant même... l'arrêt que je signe... Va; et que Dieu me garde de mes amis (Avec force.) Quant à mes ennemis, je m'en charge!...

JAKINSKI.

Oui, Sire!... Et qu'ordonnez-vous du comte Sapieha?...

LE CZAR, froidement.

Rien n'est changé... (Montrant la fenêtre.) Les préparatifs serviront... non pour toi... mais pour lui, dans une heure.

JAKINSKI.

Oui, Sire. Votre Majesté se trouve donc mieux ?

LE CZAR.

Oui... mes souffrances diminuent avec mes ennemis! (Jakinski sort par le fond.)

SCÈNE III.

LE CZAR, se levant et relisant le billet qu'il a jeté sur le bureau.

Il est évident que cette fois Sapieha dit vrai!... sa femme est jeune, jolie... il devait l'aimer... il les aime toutes!... mais ce qui est plus évident encore, c'est qu'il a été aimé de Catherine... de la czarine!... et pour ce crime seul... il méritait la mort... sa tête tombera... (Il va au canapé.) Mais auparavant je forcerai sa complice d'avouer son crime devant moi son souverain et son juge!... (Il s'assied sur le canapé; la czarine entre par la porte du fond à droite.) C'est elle!... Elle est absorbée dans ses pensées... (Avec ironie.) Est-ce à moi... est-ce à lui qu'elle pense?...

7.

SCÈNE IV.

LA CZARINE, LE CZAR, assis sur le canapé à droite.

LA CZARINE, à part, s'avançant lentement vers la gauche.

Rien encore!... aucune nouvelle... mais je puis compter sur Godounoff... quant à Baltadjy... il tiendra sa promesse... j'en suis certaine... Mais si mes espérances étaient déçues, si tout me trahissait... ce poignard du moins ne me trahira pas! (Regardant, à sa gauche, le czar et s'avançant vers lui.) Je vous demanderai, Sire, pourquoi je suis, depuis hier soir, comme enfermée dans mes appartements... la vue de mes meilleurs amis m'est interdite... et l'on a repoussé la comtesse Sapicha, qui ce matin, dit-on, venait en larmes se jeter à mes pieds... Qu'est-ce à dire?... ce palais s'est-il changé en une prison?... y suis-je l'esclave de vos esclaves?... et dois-je payer de ma liberté ce trône que vous m'avez donné?... je vous en préviens, Sire, c'est trop cher!

LE CZAR, avec amertume, se levant.

Vous trouvez?... Et si ce trône, si ma confiance, si mon amour, n'avaient été payés que d'ingratitude et de trahison? qui de nous deux aurait le droit de se plaindre?...

LA CZARINE.

Moi!... que vous outragez!... moi... que vous poursuivez sans cesse de soupçons odieux!

LE CZAR.

Je ne soupçonne plus! j'accuse... Il est quelqu'un, qu'au mépris de vos devoirs et de votre rang, vous aimez avec impudence et délire... Amour insensé qui vous fait oublier tout... jusqu'au soin même de me tromper!

LA CZARINE, froidement.

Les preuves?...

LE CZAR.

Cette nuit, le comte Sapicha s'est évadé. (Geste de joie de la czarine. Et celle qui a préparé sa fuite, celle qui a décidé Baltadjy... un ambassadeur... à méconnaître le droit des nations, à prêter ses gens et sa voiture pour favoriser l'évasion d'un coupable... celle-là ! c'est vous ! Les faits sont-ils clairs et précis ?... osez-vous les nier ?...

LA CZARINE.

Non !

LE CZAR.

Et vous n'aimez pas le comte Sapieha ! vous ne l'aimez pas ! vous qui n'hésitez point à vous compromettre pour le soustraire à ma justice...

LA CZARINE, froidement.

Non pas à votre justice... mais à votre colère ! J'ai voulu vous épargner un crime inutile qui devait flétrir votre mémoire !... Serait-ce donc la première fois que je vous aurais épargné un remords ou dérobé une victime !.. Rappelez-vous, Sire, rappelez-vous ces jours de repentir où, revenant à vous-même, vous tombiez à mes pieds, me remerciant d'avoir trompé votre aveugle fureur !... Ce que je faisais autrefois... j'ai voulu le tenter encore aujourd'hui !

LE CZAR.

C'est donc là le seul but qui vous faisait agir ? Et votre cœur n'éprouve... pour Sapieha...

LA CZARINE.

Que de l'indifférence... je ne tiens ni à sa vie... ni à sa mort !

LE CZAR, froidement.

C'est ce que je saurai bientôt, car Sapieha n'est point évadé... il est en mon pouvoir.

LA CZARINE, après avoir regardé le czar avec un sourire imperceptible.

Si Votre Majesté veut m'éprouver, et croit lire, comme hier, la vérité dans mes traits... je lui conseille de chercher quelque autre ruse, plus digne d'elle et de moi ?

LE CZAR, se dirigeant vers la fenêtre à droite.

Une ruse... Regardez !...

LA CZARINE, à part et regardant derrière lui.

Il est donc vrai !...

LE CZAR, se retournant vers la czarine.

Eh bien, qu'en dites-vous !...

LA CZARINE, immobile.

Rien ! À part. Tout est fini pour nous, ami ! Le même coup nous frappera! (Pendant que le czar remonte vers la croisée, elle tire de son sein son poignard.)

LE CZAR, à la fenêtre.

Un échafaud est dressé au milieu de la place!

LA CZARINE, à part, appuyée d'une main sur le canapé, et de l'autre tenant son poignard.

Nous mourrons ensemble... toi par la hache et moi par le poignard!

LE CZAR, revenant vers la czarine, qu'il regarde avec attention.

Entre deux rangées de soldats... un homme s'avance... c'est Sapieha!

LA CZARINE, froidement.

Je le vois!

LE CZAR, de même.

Voyez-vous aussi près de lui le bourreau?...

LA CZARINE, froidement.

Je le vois!

LE CZAR, observant la czarine.

Et elle reste immobile!... (Haut.) Il n'attend plus que mon ordre, et sur un signal de moi...

LA CZARINE, de même.

Que ne le donnez-vous? (A part et serrant convulsivement son poignard.) Je suis prête!

LE CZAR, la regardant toujours.

Quel calme! quel sang-froid... (Haut.) Tu ne vois donc pas qu'il monte les degrés?...

LA CZARINE, froidement.

Eh bien?...

LE CZAR.

Qu'il courbe la tête sur le billot?

LA CZARINE.

Eh bien?...

LE CZAR.

Son front n'a point pâli... (Haut.) La hache est levée... (A part Elle sourit... (se précipitant vers la fenêtre.) Arrêtez... arrêtez!...

LA CZARINE, à part, avec joie.

Que dit-il?...

LE CZAR, *après avoir fermé la fenêtre et venant à droite de la czarine.*

Pardon, Catherine, pardon ! Comme un insensé, comme un furieux, je t'accusais à tort ! Tu ne l'aimais pas, j'en suis sûr maintenant !... Et quant à lui, je le savais déjà, il en aime une autre !

LA CZARINE, *avec jalousie.*

Qui donc ?

LE CZAR, *souriant.*

Sa femme !

LA CZARINE, *de même.*

Qui vous l'a dit ?

LE CZAR, *de même.*

Lui-même ! (*Tirant le papier de son sein.*) Cette preuve écrite et signée de sa main... Vois plutôt. (*Il la lui donne.*) Quand il pouvait fuir... quand il était hors de danger... risquer sa vie pour revenir près d'elle... la nuit !

LA CZARINE, *lisant le papier et avec fureur.*

Et ses serments...

LE CZAR.

Que dit-elle ?

LA CZARINE, *hors d'elle-même.*

C'est infâme, n'est-ce pas ? faire servir la liberté qui lui est rendue au parjure et à la trahison ! A peine délivré courir près d'une rivale... qu'il aime !

LE CZAR.

Qu'entends-je ?

LA CZARINE, *dans le délire.*

Mais ces jours qu'il expose pour elle et qu'il lui donne... ces jours ne lui appartiennent pas. C'est à moi qu'il les doit... à moi qui les ai sauvés... et qui les réclame...

LE CZAR, *furieux.*

Tu l'aimes donc ?

LA CZARINE, *de même.*

Malheur à lui ! tant d'ingratitude sera punie...

LE CZAR, *avec colère.*

Tu l'aimes donc ?

LA CZARINE, de même.

Qui ose le dire, moi qui le hais! moi qui demande sa mort!...
(Prenant le czar par la main.) Car tu avais raison, il l'avait méritée...
Ordonne-la donc!

LE CZAR, avec rage.

J'ordonne la tienne... à toi... perfide et coupable...

LA CZARINE, sortant de son délire et tombant sur le canapé.

Malheureuse!... où suis-je?... et qu'ai-je dit?

LE CZAR, appelant d'une voix étouffée.

A moi! à moi, Jakinski! (Il se traîne à son bureau.)

SCÈNE V.

LE CZAR, MENZIKOFF, LA CZARINE.

LE CZAR, stupéfait à la vue de Menzikoff et tombant sur le fauteuil.

Comment! toi?...

MENZIKOFF.

Votre Majesté ne m'attendait pas!... (Se retournant vers la czarine.)
La czarine évanouie!...

LE CZAR, prononçant avec peine.

A l'instant... devant moi... Frappe-la de mort... cette femme
que déjà j'eusse frappée moi-même... sans le pouvoir inconnu
qui, tout à coup, m'ôte la force... et presque la voix.

MENZIKOFF, d'une voix ferme.

Sire, j'ai pendant vingt ans versé pour vous mon sang sur les
champs de bataille... et vous vouliez envoyer ma fille en Sibérie...
et vous veniez de signer l'ordre de mon supplice! Mort aux ingrats! disiez-vous hier... (Levant la main vers le ciel et avec ironie.) Vous
aurez été entendu.

LE CZAR.

Ah! traître... (Il réunit toutes ses forces, se lève et sonne la cloche d'alarme.)

LA CZARINE, à Menzikoff.

Malheureux! qu'as-tu fait?

MENZIKOFF.

Moi? rien... Le ciel l'a frappé... pour vous sauver.

LE CZAR.

Pas encore...

SCÈNE VI.

JAKINSKI, venant de la gauche; LE CZAR, MENZIKOFF.
VILLERBECK, Officiers, Seigneurs. Hommes du
peuple, LA CZARINE.

JAKINSKI.

Sire... Sire... qu'ordonnez-vous ?

LE CZAR, qui est près du bureau et menaçant Catherine de la main.

Je veux... moi... le czar... (Il ne peut achever, saisit une plume, silence
général. Tout le monde regarde avec émotion le czar qui trace quelques mots avec
effort. La plume lui échappe des mains.) Ah ! (Il tombe dans les bras de quelques
officiers.)

MENZIKOFF, s'avançant vers le czar qu'il contemple quelques instants en silence.

Mort ! (Mouvement de stupeur générale. Catherine veut faire un pas vers le czar :
Villerbeck l'arrête du geste. On emporte le czar dans la chambre à gauche.)

JAKINSKI, se précipitant vers le papier et le lisant.

Une phrase inachevée... « J'ordonne... que Catherine soit...

MENZIKOFF, vivement.

Impératrice !...

JAKINSKI.

Ce n'est pas écrit...

MENZIKOFF, prenant le papier.

C'était sa volonté... vingt fois il nous l'a dite... à nous ses fidèles
serviteurs... N'est-ce pas, messieurs? N'est-ce pas, amiral?

VILLERBECK.

Oui, nous l'attestons. (Il descend à gauche près de Jakinski.)

JAKINSKI.

Si on consultait le peuple rassemblé en foule sous les fenêtres ?...

VILLERBECK, lui présentant un pistolet.

Il fait bien froid pour ouvrir les fenêtres .. Vive la czarine !

MENZIKOFF, et tous les officiers.

Vive la czarine !

LA CZARINE, toujours à droite, et à voix basse à Menzikoff.

Moi!... jamais!...

MENZIKOFF, se découvrant.

Vos ordres, Madame...

LA CZARINE, de même.

Laissez-moi! laissez-moi! je ne suis rien!

SCÈNE VII.

JAKINSKI, VILLERBECK, OLGA, SAPIEHA,
MENZIKOFF, LA CZARINE.

LA CZARINE, apercevant Sapieha et sa femme.

Sapieha! (Avec colère.) Je règne... (Elle fait signe à Sapieha d'approcher.)

SAPIEHA.

Je venais offrir mes jours à Votre Majesté...

LA CZARINE, avec une colère concentrée.

Vos jours... oui! (A demi-voix.) Je sais tout!... Vos jours!... (A haute voix à Menzikoff, placé à sa gauche.) Écoutez! nous voulons! nous ordonnons qu'à l'instant même... (s'arrêtant et à part.) Ah! où m'entraînait une aveugle fureur! Pierre... j'allais t'imiter et faire tomber sa tête!... (Haut, à Menzikoff.) Prince...

MENZIKOFF, s'avançant à la droite de la czarine.

Majesté...

LA CZARINE, avec agitation.

Vous, notre ministre... assemblez le sénat... prévenez l'armée... des titres, des honneurs... à nos fidèles officiers... Quant au comte Sapieha... faites-le chercher... qu'il vienne!...

MENZIKOFF, à demi-voix.

Il est là... près de Votre Majesté,..

LA CZARINE.

C'est vrai! (s'adressant à Sapieha avec émotion et sans le regarder.) Comte Sapieha, nous vous nommons à Varsovie... notre ambassadeur!... (Sapieha veut remercier.) Pas un mot!... Partez dès aujourd'hui... avec votre femme!.. (A Olga qui fait un pas vers elle.) Partez! (A Sapieha à

demi-voix.) Sans regret... sans remords... si vous pouvez ! (Sapieha et
Olga remontent vers la porte du fond à droite.) A lui le bonheur... (Laissant
tomber ses bras avec découragement.) A moi l'empire ! (La czarine se retourne,
s'avance vers Menzikoff et les seigneurs de la cour, qui tombent tous à genoux
devant elle.) Allons !... régnons !

TOUS.

Vive la czarine !

FIN DU CINQUIÈME ACTE.

PARIS. — IMPRIMERIE DE J. CLAYE, RUE SAINT-BENOIT, 7.

7.